现代工商管理经典教材

Management

管理

个案、理论、辩证

洪明洲 ‖ 著

经济管理出版社

ECONOMY & MANAGEMENT PUBLISHING HOUSE

北京市版权局著作权合同登记：图字：01-2014-0540 号

图书在版编目（CIP）数据

管理：个案、理论、辩证/洪明洲著. —北京：经济管理出版社，2015.4
ISBN 978-7-5096-3096-9

Ⅰ.①管…　Ⅱ.①洪…　Ⅲ.①管理学　Ⅳ.①C93

中国版本图书馆 CIP 数据核字（2014）第 079012 号

组稿编辑：陈　力
责任编辑：张　艳　田乃馨
责任印制：黄章平
责任校对：赵天宇

出版发行：经济管理出版社
　　　　　（北京市海淀区北蜂窝 8 号中雅大厦 A 座 11 层　100038）
网　　址：www. E-mp. com. cn
电　　话：（010）51915602
印　　刷：三河市海波印务有限公司
经　　销：新华书店
开　　本：787mm×1092mm/16
印　　张：16.75
字　　数：353 千字
版　　次：2016 年 3 月第 1 版　2016 年 3 月第 1 次印刷
书　　号：ISBN 978-7-5096-3096-9
定　　价：49.00 元

2012 年版作者的话

三年前《管理：个案、理论、辩证》（2009 年，第三版）出版，如今新修正的《管理》再度问世。

重新审视第三版《管理》，它虽是市场上内容最简约的管理教科书（仅七章 250 页），但在四段式"个案、理论、辩证、实例验证"内容编写上，本书一直维持最超前的编辑结构，尤其"理论"或"辩证"两段内容，"理论"涵盖范围广、观念新、批判性强。

所以，这次修订完全保留"理论"与"辩证"部分，只修订"个案"部分。作者重新收集最能代表新一代华人管理的六个"个案"，填补《管理》一书最需要修正的部分。

六个"个案"加上原来第六章"控制"个案（美利达公司），展现新一代华人管理的缩影：过去华人最擅长经营的制造业所强调的管理做法，除了"控制"个案（美利达公司）外，已经不再是本书认定学生（新一代管理者）应该精研、学习的个案。

六个"个案"代表的行业都属制造业以外的"服务业"，这些事业的管理核心不是：固守本业、循规蹈矩、标准作业，而是：野心、愿景、品牌、创新、突破、转型等。

不论新编或保留的个案，它们都在解说上述管理核心元素如何融入管理决策，包括：经营不被看好的行业（农产品、网络卖鞋），敢冒险、敢直接面对末端顾客（不是躲在品牌商背后，从事 OEM、ODM）挑战的管理等。

修订完本书后，作者还有一件心愿尚未完成：添补本书"实例验证"的部分。会的，作者会利用空暇，逐一将本书每一个案所诠释的管理精要一一验证，请拭目以待。

2009 年版作者的话

它跨越"教科书"的疆界，它从教室延伸出去，它从理论跳脱出来。结合网络、科技、管理的"真实做法"，它既像做研究，又像搞实验；它从已知探索未知，从未知探索未来。

作者的话：《管理》第一版

距离前一版《管理》（第二版）出版后的 10 年[①]，作者重新编写个案，校订内容，再度让《管理》一书问世。

感谢前程文化傅先生的执着，愿意苦等 10 年，才等到这本管理教科书的出版。此外，我为这本书曾许下"本书内容永不修订"之 Doing right at first time 的誓言，感到羞愧。尽管这次仍以最佳品质标准来修订本书的心志不变，但天下确实没有永不改正的品质。逐字订正的过程中，我对文字的明确简洁、结构的逻辑周延、内容的严谨完整，要求更严格，所以，费了不少心力。第三版《管理》的修订工作难度不亚于编写一本新书，这是本书拖延 10 年订正的真正原因。第一次出书可以凭借热情理想，再次修正出版，只有对自我的要求、对学术的许诺，不再有激情。

《管理》没有改变的是七章内容和"个案—理论—辩证—实例验证"四段式编写，也只有这两个部分才符合"永不修订"的承诺。

第三版《管理》最大的改变是七章新个案，它们都重新找合适对象，收集资料编写，是新版《管理》最有价值的部分。七个个案中，第 1 章与第 7 章个案"薰衣草森林企业"与"文化大学推广教育部"，学生能够直接参访，到现场体会验证。第 3 章个案"新兴电器"是马来西亚最大的 3C 卖场，其余都是中国台湾著名上市公司。

《管理》的理论内容大致保持，但是逻辑的架构重新设计，文字做更严格编写，务使语意内容没有模糊含混之处，论述结构更趋条理，符合麦肯锡的 MECE 原则。

《管理》的辩证部分大致保留原有主题，但加入新的主题，务使实务做法与管理理论

[①] 距离第一版《管理》出版已有 12 年，坊间还在出售印着 1997 年出版的《管理》。出版商有 12 年没有结算版权稿费，因为他们坚称还在销售第一版的库存。

有矛盾的地方都能加以辩证，让读者深入体验。

本书特点依然秉持 1995 年第一版序言的陈述：本书以结构见长，不以内容取胜；主要建立观念架构，不强塞教条原理；提供反思，不提供实例；让读者随时乐于"翻查"，不必"死读"；生动而不生硬，强调图表（右脑）的震撼力，而非文字（左脑）的吸引力；追求国际化品质标准，是一本可以两个小时读完，也可以读一辈子的教科书。

本书定位为"一本协助学习思考的中文管理教科书"，因而有以下特点：

1. "中文"精简扼要、重条理、不啰唆，不仅有英文对照，更有图表帮助思考。

2. "管理"必须精确，名词不能含混，意义不能搞错，重要观念予以强调，边栏有英文对照。

3. 体例编排必须很"管理"，架构清楚，章节精简，内容扼要，个案解说精辟，用图表辅佐讲解。

4. 帮助老师发挥，帮助老师传道、解惑、补充、辩证，让老师乐于在本书架构上添加自己的教学内容。

5. "书"必须有永续生命，能提供恒久价值的知识，又能配合时代，不断更新。

本书条理清楚，各章用四段式（个案、理论、辩证、实例验证）陈述，亦即先以个案引导学习兴趣，再讲理论，然后利用辩证，批判理论，最后请读者列举实例验证深思。其中"理论"架构以分三、四节为原则，管理的各种方法过程，尽量以最精简的重点提示说明，特别强调抽象概念的明确定义与判别。

本书使用方法

请按照下图的流程步骤，先花 10 分钟浏览目录，了解本书架构。

首先，细读"楔子"，它以非常浅易的文字，叙述管理的真义，以及本书七章的全盘架构（七卦图）。这个"七卦图"重复在各章出现，贯穿本书，作为本书的主轴。

读完"楔子"后，再花一小时浏览本书的全部图表，"初步"了解本书精华。翻阅之后，读者有三种选择：

● 理论研读：适于读者准备功课、复习；请从第一章读起，一窥管理的"宗庙之美，百官之富"。

● 名词查阅：适于读者平常撰写报告或思考某项管理问题，查阅重要的管理名词，"索引"重新整理本书重要名词，按笔画排列，供读者检索。

● 实务探讨：适于读者研究较进阶或深入的议题，建议先阅读各章的"辩证"，再从"个案"找印证，再思考"实例验证"，然后"翻阅"有关的理论。如果读者已经研读过本书，日后碰到各章的相关实务问题，不妨以同样的次序"温习"。

本书另外提供管理学习网站（网址：learn2mgt.com），将提供本书各章之学习指引、自我测验、案例下载、"实例验证"的问题解答、心得分享（讨论区）、案例分享。

洪明洲

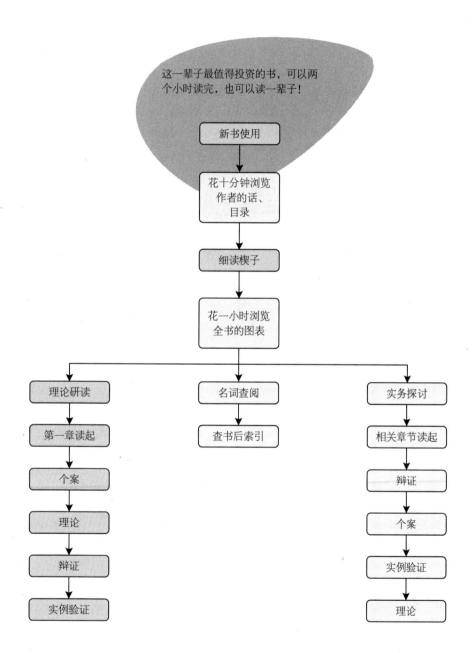

楔 子

We have to be willing to cannibalize what we are doing today in order to ensure our leadership in the future. It's counter to human nature but you have to kill your business while it is still working.

我们必须改变今天的成就来确保明天的领导地位；当事业还蓬勃发展时，就要想到改造它——虽然这样很残酷。

Lewis Platt

Founder, HP

（惠普公司创办人）

"管理"相当迷人，却很难定义解说，尤其是它能否被传授都可能有争议。虽然如此，管理所要求的产出却非常明确。

不管管理的理论内容是什么，不管管理者采用什么手段或方法，管理一定要交出"品质、卓越"的结果。否则，即使理论再精辟，方法再新颖，也都枉然。

为了产生高超品质，管理必须要求"做对事"：把品质做出来。如果品质已经做出来了，管理还要求"把事情做对"：用最少成本与代价做出品质；广义而言，低成本也是品质的一部分。

本书从头到尾都以"投入—产出"的系统观念在讨论"管理"：如何做对事以及把事情做对。

管理—决策

在"做对事"与"把事情做对"的过程中，就是做一连串的"决策"：

● 什么事情是对的？什么事情是错的？

● 哪一部分是对的？哪一部分是错的？

● 如何做是对的？如何不让错误发生？

● 做出来后，果真是对的吗？

● 如果做错，如何改正？

一连串的"决策"代表一连串的质疑；一连串的质疑，也就是一连串的辩证。因为，事情的"对"或"错"可能没有标准，可能是主观的，也因为如此，需要运用管理。

所以，"决策"是管理最基本的元素，每一项管理的动作都是"决策"，如图 0-1 所示，"决策"在管理的中心。但是，"决策"并不等于管理。

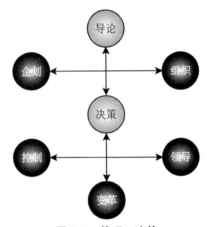

图 0-1　管理—决策

为了确保做对事情，管理有一套运作方式，将一连串的"决策"结合成系统，并建立正确的"对错"抉择原理：

● 选对事情做（不要选错事）

● 找对人做事（不要找错人）

● 引导人做事（不要做错误引导）

● 确使人做对（做错了就改）

管理—决策—功能

管理将"事情"与"做事的人"连接起来，产生"对的"结果。上述四项决策的逻辑原理构成管理的四大功能：

● 企划

● 组织

● 领导

● 控制

　　图 0-2 表示这种关系，管理是企划、组织、领导、控制等四项功能的循环运作，决策是循环的中心元素，表示管理不断在做企划、组织、领导、控制等四种决策，确保所有的决策都在"做对事"与"把事情做对"。

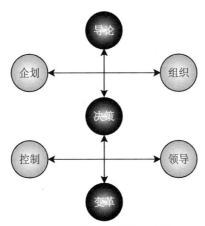

图 0-2　管理—决策—功能

管理—决策—功能—变革

　　图 0-2 的循环运作还不足以确使"做对事"与"把事情做对"。因为环境经常在变动，对的事情不是一成不变，而是经常变动，管理必须因应这种变动，甚至快速促成变动。

　　所以，管理必须有变革的机能，亦即：

● 驾驭未来，不再经营过去

● 主动出击，不要被动应战

图 0-3 表示管理除了有一连串企划、组织、领导、控制等决策

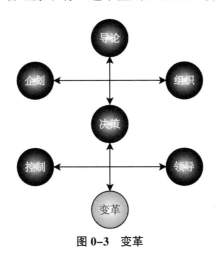

图 0-3　变革

外，最后还要导出变革。

上述七项管理的元素构成本书的七章，亦即：

- 第1章——导论
- 第2章——决策
- 第3章——企划
- 第4章——组织
- 第5章——领导
- 第6章——控制
- 第7章——变革

各章内容难易

各章内容的深浅难度和管理理论在实务上的验证，有极密切关系。

管理兴起已经一百年[①]，有些管理理论发展成熟，几乎到达"放之四海而皆准"的"无可辩证"境界，有些理论还不断被质疑与验证，甚至处于"莫衷一是"的"百家争鸣"情况。

"放之四海而皆准"的管理理论较为简单；"莫衷一是"的管理理论却较为复杂。它的深浅、简单复杂与实务界的验证有关：

- 越普遍被实务界验证接受的，理论越简单；越少被验证的，理论越难。
- 实务界应用成效越具体，理论越简单；成效不具体者，理论越难。
- 经常在管理教科书引述者，理论越简单；管理教科书少提到者，理论越难。

本书各章一方面涵盖广为实务界接纳验证的理论，一方面"辩证"实务上尚有应用疑义的理论。

本书各章主题虽不相同，但内容难度逐渐加深，这反映出晚近理论的发展主要在"组织"、"领导"、"控制"等方面有很大"变革"。所以，后面章节的难度，比前面各章节较深，最后一章（第七章"变革"）是理论难度最高的一章，它包括许多不容易被验证的理论

---

① 以泰勒提倡科学管理算起，管理已兴起100年，彼得·德鲁克1973年出版《管理学》亦持此看法。

观念，却是未来管理最重要的机能之一。

"个案—理论—辩证—实例验证" 四段式

本书各章均以"个案"、"理论"、"辩证"、"实例验证"四段式编写，相信这种编写方式，最能适合管理理论的本质特性，理由说明如下：

各章"个案"在呼应理论内容，阅读理论之前，必须熟读、熟记个案故事。阅读理论内容时，还要反复咀嚼、验证"个案"内容，对于理论研习有很好的效果。

各章"理论"是正统管理的理论部分，[①] 本书将简明的架构加以整理，并以大量丰富图表来表达理论内涵，建议读者掌握"架构"，抓住要点，建立图像观念。各章"辩证"在体验理论的适用性，它是另一种"实地体验"管理理论的学习方法。本书利用"辩证"来学习管理的设计，[②] 能让学生借由辩证体会管理最微妙的概念。

将管理的原理编写成"理论"、"辩证"两部分，一方面涵盖"放诸四海而皆准"的正统理论，一方面加入"莫衷一是"的颠覆辩证，有利于学生日后接触管理专家创造的管理流行时尚，[③] 不会感到过于前卫。

不过，初学者可以不必太在意"辩证"部分，请当作课外参考读物，但研究生或实务工作者就应仔细深思研究这部分。

当读者读完"理论"与"辩证"，最后应再回到"个案"故事，所以，各章最后都有"实例验证"，供读者反思管理的实际内涵。

各章内容

兹将本书七章的内容摘述如下：

1. 导论：介绍管理价值创造的活动与功能，依序介绍管理工作、资源投入、管理功能、管理者角色、管理所需的技能、管理阶层、管理的历史演变等概念。

2. 决策：依序介绍管理决策的特性，讨论在不同情境下的决策

---

① 所谓"正统"管理理论，指一般教科书都会探讨的理论。
②③ 背诵理论与原则，无助于学习管理。"管理"最好透过实地体验，如果无法做到"实地体验"，把理论拿来"辩证"一番，从"放之四海而皆准"的原理找出破绽，有相当于"实地体验"的效果。

分析，介绍决策过程，最后介绍管理者的决策风格。

3. 企划：首先解说企划的功能与程序，其次，讨论企划的两项"产出"：目标与手段，接下来讨论策略规划，最后讨论作业企划。

4. 组织：首先，解说如何建立人员与人员之间的关系（组织的结构设计），其次，讨论如何确立工作与工作之间的关系（工作设计），最后，讨论如何将人员分派到工作上（用人）。

5. 领导：依序介绍领导、激励、沟通，后两者是领导技能最具体的表现。

6. 控制：先讨论控制的观念与程序，其次说明控制作业，最后介绍全面品质管理。

7. 变革：首先介绍环境变动的原因与因应，其次介绍变革与改造的类型与方法，最后介绍学习型组织的理论、模式与发展。

个案与实例

"管理"教科书不能缺少案例，本书各章都有一则个案，完整贯穿理论，除此之外，本书较少针对某一特定观念举"实例"解说。各章个案以华人企业的经历为主，而且以能够操演出各章管理理论的**最佳实务**为目的，以反映华人企业对管理理论的贡献。

Best Practice

课本内容提及与个案相关之理论时，并没有做深入阐述，这项工作将交由本书另外建制的网站（网址：learn2mgt.com）来补充，此外，网站也将收集更多案例来补充课文内容。

读者在学习管理理论的研习期间，应该多观察周围事物，或阅读报章杂志书刊，并与管理理论观念相互印证，若能将宝贵心得发表于本书的教学网络，是本书最企盼的一项设计。

目 录

第一章　导　论 ………………………………………………… 001

　　个案：中国台湾农夫 …………………………………………… 002

　　理论 ……………………………………………………………… 004

　　管理工作 ………………………………………………………… 005

　　　　一、组织任务 ……………………………………………… 005

　　　　二、资源投入与产出贡献 ………………………………… 007

　　　　三、管理功能 ……………………………………………… 008

　　管理者的实务操作 ……………………………………………… 009

　　　　一、管理者角色 …………………………………………… 009

　　　　二、管理者技能 …………………………………………… 012

　　　　三、管理阶层 ……………………………………………… 013

　　管理的历史演进 ………………………………………………… 015

　　　　一、古典学派 ……………………………………………… 015

　　　　二、行为学派 ……………………………………………… 016

　　　　三、系统学派 ……………………………………………… 016

　　　　四、权变理论 ……………………………………………… 017

　　辩证 ……………………………………………………………… 017

　　什么不是管理？ ………………………………………………… 018

　　谁是管理者？ …………………………………………………… 019

　　管理者的工作：传言与事实 …………………………………… 020

　　"管理工作"的管理：强化有效性 ……………………………… 022

　　实例验证 ………………………………………………………… 023

第二章　决　策 ………………………………………………… 025

　　个案：石头记 …………………………………………………… 027

　　理论 ……………………………………………………………… 028

管理决策的特性 ·· 029

  一、机会、问题与决策 ···························· 029

  二、信息与决策的关系 ···························· 031

解题过程 ·· 034

  一、确认"问题" ································ 035

  二、设定目标与准则 ···························· 036

  三、提出各种对策 ······························ 037

  四、评估各种对策 ······························ 037

  五、规划决策 ·································· 038

  六、实践解决 ·································· 038

四种情境的决策分析 ···································· 038

  一、混淆情境 ·································· 039

  二、不确定情境 ································ 040

  三、风险情境 ·································· 040

  四、确定情境 ·································· 041

管理者的决策风格 ······································ 042

  一、不完全理性决策 ···························· 044

  二、决策风格 ·································· 044

  三、集体决策 ·································· 047

辩证 ·· 048

做决策的规范与实际行为 ································ 049

理性分析的谬误 ·· 049

决策风格的应用 ·· 050

三种决策模式：先想、先见与先做 ························ 051

集体决策的谬误 ·· 052

实例验证 ·· 052

第三章　企划 ·· 055

个案：新兴电器集团（马来西亚） ························ 057

理论 ·· 059

企划的功能与程序 ······································ 059

目标与手段 ·· 062

  一、目的与目标 ································ 062

二、目标的多元性 ································· 065

三、目标的阶层性 ································· 066

四、目标与手段链 ································· 068

五、方案手段（计划） ····························· 069

策略规划 ··· 071

一、策略的意义 ··································· 071

二、策略规划程序 ································· 072

三、策略模式选择 ································· 075

作业企划 ··· 078

一、作业企划重点 ································· 079

二、目标管理 ····································· 080

三、目标管理的实例 ······························· 081

辩证 ··· 086

没有企划，能做事吗? ································· 086

策略规划的谬误 ····································· 088

不确定性的策略管理 ································· 090

目标管理的困难 ····································· 091

实例验证 ··· 093

第四章　组织 ····································· 095

个案：CoCo 都可茶饮 ····························· 097

理论 ··· 099

组织结构设计 ······································· 099

一、分权化：职权 ································· 101

二、部门化 ······································· 103

三、正式化 ······································· 105

组织设计的权变模式 ································· 106

一、机械式 ······································· 107

二、机能式 ······································· 107

三、环境 ··· 108

四、规模 ··· 109

五、工作技术 ····································· 109

工作设计 ··· 110

一、工作分析流程 ·························· 110

二、工作设计 ·························· 111

用人 ·························· 113

一、人力企划 ·························· 114

二、招募 ·························· 115

三、甄选 ·························· 115

四、训练与发展 ·························· 116

五、绩效考核 ·························· 117

六、酬劳与奖赏 ·························· 118

辩证 ·························· 118

组织就是"指挥结构"? ·························· 118

颠覆组织 ·························· 119

过度分化正是组织的失败 ·························· 121

流程改造式的组织设计 ·························· 121

组织的最后结构：团队 ·························· 122

组织转型 ·························· 123

绩效评估的盲点 ·························· 124

实例验证 ·························· 124

第五章　领导 ·························· 127

个案：Zappos.com ·························· 129

理论 ·························· 131

领导与管理 ·························· 131

一、管理职权与领导能力 ·························· 132

二、权力的种类 ·························· 133

三、领导者类型 ·························· 134

领导理论 ·························· 135

一、特质理论 ·························· 135

二、行为理论 ·························· 136

三、权变理论 ·························· 140

激励 ·························· 144

一、内容模式 ·························· 144

二、过程模式 ·························· 147

　　　　三、强化模式 ································· 149

　　沟通 ··· 152

　　　　一、沟通管道 ································· 152

　　　　二、组织沟通 ································· 154

　　　　三、改善沟通效能 ····························· 155

　辩证 ··· 155

　　领导的替代性 ····································· 156

　　天生领袖不存在 ··································· 157

　　领导与职位权力的关系 ····························· 157

　　领导者对组织绩效的贡献 ··························· 158

　实例验证 ··· 159

第六章　控制 ··· 161

　个案：美利达股份有限公司 ························· 163

　理论 ··· 165

　　控制的观念与程序 ································· 165

　　　　一、控制的系统观念 ························· 166

　　　　二、控制程序 ····························· 167

　　　　三、控制与信息 ····························· 168

　　　　四、企业资源规划 ························· 169

　　控制作业 ··· 173

　　　　一、标准 ································· 173

　　　　二、衡量 ································· 177

　　　　三、差异比较 ····························· 178

　　　　四、改正行动 ····························· 178

　　全面质量管理 ····································· 180

　　　　一、TQM 的控制原理 ······················· 181

　　　　二、TQM 原则 ····························· 183

　　　　三、TQM 与 JIT ························· 186

　辩证 ··· 187

　　传统控制的缺失 ··································· 187

　　控制的困难 ······································· 188

　　绩效很难衡量，就不要衡量 ······················· 190

JIT 是日本人的专长? ································ 191

实例验证 ····························· 191

第七章 变革 ····························· 193

个案：实习企业 ····························· 195

理论 ····························· 197

环境的变动 ····························· 197

一、动荡与管理 ····························· 197

二、变动的本质 ····························· 199

三、变革的必要 ····························· 201

变革的改造 ····························· 203

一、企业变革的种类 ····························· 203

二、变革程度 ····························· 204

三、规划变革 ····························· 206

四、危机管理 ····························· 208

学习型组织 ····························· 210

一、学习模式的学习型组织 ····························· 210

二、学习与工作 ····························· 213

三、流程模式的学习型组织 ····························· 215

四、内部创业的组织改造 ····························· 218

辩证 ····························· 219

面对混乱环境，管理者如何寻找机会? ····················· 220

失败的标杆学习 ····························· 221

"五项修炼"就是学习型组织吗? ························ 222

学习型组织的疑点 ····························· 223

管理万能吗? ····························· 224

实例验证 ····························· 225

各章附注 ····························· 227

索 引 ····························· 237

第一章　导　论

学习目标 研读本章之后，您将能够：

1. 认识管理者的工作

2. 认识管理的四大功能

3. 认识管理者的三大角色

4. 认识管理者的三大技能

5. 列出管理的三大阶层，知道不同管理阶层的技能、
   任务

6. 了解管理的历史演进

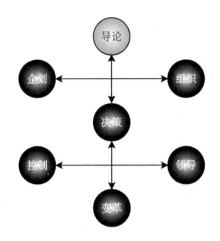

个案：中国台湾农夫

理论

管理工作

　　一、组织任务

　　二、资源投入与产出贡献

　　三、管理功能

管理者的实务操作

　　一、管理者角色

　　二、管理者技能

　　三、管理阶层

管理的历史演进

　　一、古典学派

　　二、行为学派

　　三、系统学派

　　四、权变理论

辩证

什么不是管理？

谁是管理者？

管理者的工作：传言与事实

"管理工作"的管理：强化有效性

实例验证

个案
中国台湾农夫

1999 年发生的"九二一"地震重创中国台湾中部农村，刚从研究所毕业从事兽医的王顺瑜回到南投县鱼池乡东池村，看到家乡满目疮痍，决心转行当农民，家人反对，认为农民收入无法与兽医相比，难以养家糊口。但王顺瑜坚持，他相信运用现代化管理知识经营农业，必能创造无比价值，同时找回台湾地区农民的骄傲。

王顺瑜从自家农场开始，不断改进耕种方法与农产品品质，再以优异品质打入国际市场。有了独特成功经验后，他再将农业经营理念、改良技术与家乡农友分享，共同成立"南投县日月潭农产运销合作社"，注册"台湾农夫"商标，打造专属家乡农产品的品牌。

身为与土地最亲密接触的农民，王顺瑜认为耕种只是农民的工作，不是任务。农民的任务是维系与土地的和谐关系，找出土地真正价值。所以，他以找回人与土地亲密的感动为经营理念，强调农民必须以谦卑、平和态度，探源就本，用科学化方法来经营环境气候变迁下的自然关系。

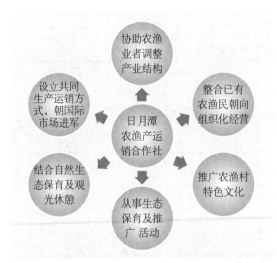

图 1-1 南投县日月潭农产运销合作社的经营模式

不同于一般农业经营，王顺瑜并不依循市场需求风向来选择耕种的农作物。相反地，他从土地特质与环境生态出发，观察从土地自然生长出来的野生植物，通过科学调查与实验，找寻土地最适耕种的农作物与栽培方法，特别针对许多消失原生物种对它们进行培育，让农作物回到它们最适合成长的大自然环境，栽培出异于市场一般销售的农产品，王顺瑜开创营销"特异"农产品的经营方法，为它们找寻市场，创造商机。

这种回归土地原始价值的经营方式为东池村创造很大的价值，创造许多事业机会。

东池村位于头社盆地，它与日月潭仅隔一条山脊，四周群山拱绕，据考查，盆地早年应为"日潭"，与目前存在的"月潭"，合为"日月潭"，是邵族原住民追逐白鹿来到日月潭区域建立的第一个部落。后来"日潭"潭水干涸，"月潭"独撑"日月潭"。头社盆地因"日潭"潭底满布深厚泥炭土，土质特殊，有利于栽培特殊品质的农作物。此外，过去的"日潭"因潭底低洼容易淹水，长年废耕荒芜，反而形成生态保护区，有利于复育原生种的动植物。

上述特点带给当地人很大的创新突破空间。例如，在水田种植金针花，花梗是无毒有机菜，以"日月潭美人心"品牌在生鲜连锁超市销售，成为日月潭特有名产，1.5 公顷的种植面积，每年产生 600 万新台币收入，是一般农作物产值的 10 倍。

在容易淹水的废耕土地从事生态复育，许多植物诸如日月潭蔺草、芡实、萍蓬草、莼菜、谷精草、水杉、水社柳等都已复育成功，尤其台湾地区特有的水社柳重回世间，已育成 10 万株成树，每株市价 2000 元新台币，总值达 2 亿元新台币，20 万株小树苗，每株市价 500 元新台币，总值约 1 亿元新台币。水社柳具有围篱、水土保持、观赏等功能，它是台湾黄金蝶唯一栖息的树，用它串联盆地现有的：①无底洞陷落区。②活盆地生态观光运河。③原生动植物教育园区等景点，形成带状游憩休闲区块，将为农村创造景观、休闲、教育等商机。

王顺瑜的努力很快获得社会的肯定，2011 年获颁"行政院劳委会"表扬的"金旭奖"，南投县日月潭农产运销合作社被评选为该届"最佳社会经济发展"单位。这个紧临日月潭的头社盆地生机勃勃，除农业外，当地的民宿、餐饮、农特 产品贩售业等纷纷兴起。头社盆地逐渐 成为日月潭的另一个观光景点，它的特色 是：游日月潭找台湾农夫，赏爱心树，品 幸福饮，尝美人心。

在生态保育的基础上，"台湾农夫"成功创造诸多经济收益，每年更将高达 60% 的盈余继续投入当地生态复育、农村文化和环保等相关公益事业。此举吸引许多人前来观光、体验农村生活，为地方带来无穷的生命力。

表 1-1　头社盆地的新商机

产业类别	1997 年度	1998 年度	1999 年度	2000 年
民宿业	4 家	6 家	10 家	14 家
餐饮业	4 家	4 家	6 家	12 家
农特产品贩售业	5 家	8 家	10 家	26 家
民宿业	4 家	6 家	10 家	14 家

资料来源：王顺瑜。

 理论

重新定义环境、生活、工作的价值，而创造出一番新的事业。王顺瑜通过家乡土地的特质、景观与历史，重新找回人与土地亲密关系，重新塑造"台湾农夫"的价值，同时以企业化经营手法，将"台湾农夫"注册为品牌，采用"农产运销合作社"经营形态，结合当地农民力量，不断创新、突破，进行生态复育，每一个复育的物种，每一段走过的历程，经营管理元素的注入，都是商机，都可能发展出事业。

以下介绍这种价值创造的活动与功能，依序介绍：①管理工作。②管理的实务操作。③管理的历史演变等概念。

管理工作

管理是有效利用资源，实现目标[①]，做这些工作的人都叫作**管理者**[②]，董事长、总经理、副总经理、经理、主任等都是管理者的职称。管理工作通常是借助"组织"[③]来操作，管理者通常是组织的成员，他们的工作是使组织的投入转化为产出。

以下分三个部分来探讨管理工作的内涵：①组织任务。②资源投入与产出贡献。③管理功能。

Manager

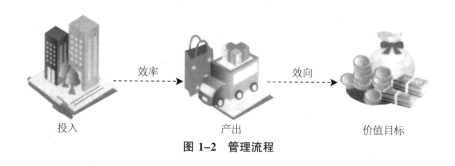

投入　　　　　　　　产出　　　　　　　价值目标

图 1-2　管理流程

一、组织任务

管理工作是使组织的**投入**转化为**产出**，管理行为包括确定组织主体，认清组织各项投入与产出之要素，并促使"投入"变成"产出"。组织是拥有各项投入资源的生产主体，通过转换才会有产出，组织绩效是资源投入与产出目标的转换比率。但是，任何投入与产出之"转换"未必都是"管理"[④]，管理工作必须合乎一项要件：**有效**，意思是：

● 产生所要的"价值目标"（**效向**）

● 用最少的"投入"（**效率**）

效向与效率两者并不相同："效向"是**做对的事**，"效率"是**将事情做对**。两者构成组织绩效的两种衡量项目，其中，"做对的事"又比"将事情做对"重要。所以，管理的工作就是找出并确认组织目标，并且以最少资源转换为产出（效率），并使产出符合组织要实现的价值目标（效向）。

Input

Output

Effective

Effectiveness

Efficiency

Doing right things
Doing things right

管理小辞典
管理工作与比喻

　　任何组织都有投入与产出，"操纵"这一过程的管理工作有以下的描述：

　　● 综合及**协调**具专才成员的工作。

Coordination

　　● 创造一个"整体"，使其"整体"大于其所构成诸"个体"之总和：使这一"整体"成为一生产性机体，使其产出大于"经济资源之投入"，称之**综效**。

Synergy

　　● 以游戏或运动比赛（棒球、篮球）比喻：

　　（1）每个成员都很清楚知道有一个"团队目标"（当然他们也忘不了个人的目标和利益）。

　　（2）每个人都被派定其专长的任务和职位。

　　（3）每个成员都知道应如何配合别人，也知道别人会配合他。

　　（4）因不同事项、不同场合及其他原因，会需要不同的领袖（领导）。

　　（5）他们都一定要遵守某些规则进行游戏或比赛。

　　过去的管理工作较关注"投入—产出"关系（效率），希望以最少的投入产生最大的产出。现在更关注于产出是否符合组织要实现的价值目标，因为组织的产出只是实现满足顾客需求的工具，组织真正的价值在于顾客如何从这些产出获得满足，而不是在极大化产出。

　　由于组织价值是由外部顾客界定的，而外部顾客的需求不易被组织内部的成员所了解，他们的需求也经常改变，导致很多组织只重视"投入—产出"关系，忽略产出能满足顾客所需要的价值。管理最重要的工作是：不断关心外部顾客，深入了解他们所需要的价值，并时时提醒组织成员的产出必须是外部顾客所需要的价值。所以，管理者必须经常定义与理清顾客需求的价值，使组织的产出具体、明确，才能完成任务：**创造价值**。

Value creation

　　除了关注顾客价值外，组织也要关注能为顾客创造价值的员工，以及专注能保护这些价值的外部环境，避免这些价值受到外界环境的误解或破坏。综合上述概念，组织目标包括三项任务[⑤]：

管理小辞典
管理的定义

虽然一般人对管理的诠释有很大的分歧，但中外学者对管理的定义却相当一致，以下列举一些常用的定义⑥：

● 群策群力，以竟事功。

● 由人视事：经他人（成员）的努力及绩效而完成任务。

● "确知"及"详告"凡己欲人所为，并"视"其以最佳及最经济方法成就之。

● 设计、创置、维持组织内部环境，使在这环境内工作的成员，均将"乐业"而"尽能"，且能有效向和高效率地发挥团队合作功能，迅速达成组织预定目标。

（1）提供特定顾客价值满足，完成组织的特定任务**使命**。

（2）促使内部各项工作均有**生产性**，工作者能有成就满足。

（3）掌握环境变化，履行**社会责任**。

Drucker（1973）
Mission
Productive job
Social responsibility

二、资源投入与产出贡献

如果资源无限，组织可以轻易实现任何产出目标，无须雇请管理者来操心如何运用有限的资源。由于组织资源相当有限，管理者想以最少资源来实现目标，必须掌握组织资源的特性，知道资源使用的限制，了解哪些资源可以运用来实现哪些目标。

一般而言，组织有四大资源，三种有形资源，一种无形资源：

● 人（**人力资源**）：能为组织目标而努力奉献的内部工作成员，特别指人员的技能、专长、人际关系等。

Human resource

● 钱（**财务资源**）：组织能够自主处分的资金，以及能从外部取得的资金，这些资金用来购买组织所需的投入资源。

Financial resource

● 物（**物质资源**）：组织的实物资产，包括土地、厂房、机器设备、办公用品、存货等。

Physical resource

● **无形资源**：专属于组织所有的权利，包括专利、商标、文化、商誉、技术以及有助于组织有效经营的无形要素，例如组织气候、品牌形象、对企业的忠诚等。

Intangible resource

管理者要产生价值必须使用上述四种资源，使用资源就是管理者的工作，其中使用"人力资源"的工作更为重要，我们称这种工作为**管人**，没有管到人的工作都不算是"管理"[⑦]。管人的方法有很多种，有直接向他人下达命令，要求完成交付的工作；也有创造一个气氛或环境，让他人"自动"完成工作，这也是管人的另一种形式。

Managing people

换言之，管理必须通过他人，管理者的工作是**使他人工作**——使他人的工作产生绩效、完成目标，这是管理的产出贡献。

Getting things done with and through people

所以，管理的产出是：创造"整体"，以及使这一"整体"能够大于所投入"个体"之总和，称之"综效"；如果管理的产出 使整体的产出小于各项资源投入的总和，这种管理是无效、浪费，也是失败的。

三、管理功能

管理者应做什么工作才能使他人工作，而且，使他人做得有"效向"且有"效率"呢？管理者必须做许多决策，才能将人与其他资源联结在一起，产生效果，实现目标。这些决策与行动大致可以划归为四种管理功能[⑧]：

What do managers do

● **企划**：制订组织目标及实现的最佳策略，并设计完成的程序与做法。

Planning

● **组织**：建立完成目标所需要的职位、职务、责任、权力结 构与工作结构。

Organizing

● **领导**：引导并启发组织成员，使之努力，完成组织目标。

Leading

● **控制**：评估组织成员的工作及成效，确使目标能顺利完成。

Controlling

以上四大管理功能是**相互关联的**，从管理者的决策或行为，很难切割出哪一件工作是单独的企划、组织、领导或控制。

Interrelated

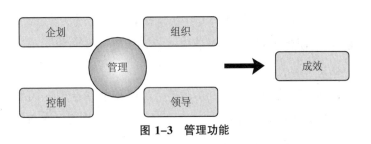

图 1-3　管理功能

管理者的实务操作

实务上管理者执行任何一种管理功能，必须依赖其他三种功能的配合，这些功能可能**同时**或**连续**在进行，以促使他人有效工作。为此，管理者必须在各种场合扮演不同角色，以执行管理的四大功能。正确扮演管理的角色、有效执行管理功能需要某些管理技能，不同管理者根据他们在组织的职务与层级，所需要的管理技能并不相同。以下将分别解说：①管理者角色。②管理技能。③管理阶层。

Simultaneously

Sequentially

一、管理者角色

当组织赋予管理者一个正式职位，这个职位将伴随各种人际关系，需要管理者在不同场合，妥善扮演好他的角色。观察很多经理人的工作，常看不到管理者专心或专责在执行上述四大管理功能的工作，他们常在开会、听电话、与人讨论、写报告、交际应酬，甚至在外面演讲，担任其他组织的某些职务，这些活动究竟与管理有何关联？

这些活动可以归纳为管理者执行管理功能所需扮演的十种角色，再归纳为三类：①人际角色。②信息角色。③决策角色。一般而言，管理者必须先扮演好与职位相关的人际角色，才可以从这些关系中扮演信息角色，进而获取更多信息，以利他做出正确决策（决策角色）。所以，三类角色在确保管理者掌握组织的人际关系与信息，最后做出正确管理决策。下面介绍这三类、十种角色⑨：

Mintzberg（1973）

（一）人际角色

Interpersonal role

（1）**形象人物**：管理者在公司内主持庆生会、接见重要访客、与外界签署文件、剪彩等。

Figurehead

（2）**领导者**：管理者勉励下属，激励员工士气。

Leader

（3）**联络人**：和外界建立和维持人际关系网络，联络组织与外界的关系。

Liaison

（二）信息角色

Monitor

（1）**侦测者**：管理者收集信息，使组织内外各种信息都会传送到他手上，成为信息流通中心。

Informational role

Disseminator

（2）**信息传递者**：管理者不仅收到各种信息，也负责将信息传给下属或相关人士，与同事或相关人员共享信息。

Spokesman

（3）**发言人**：管理者负责对外发表组织内部消息。

Decisional role

（三）决策角色

Entrepreneur

（1）**创业家**：管理者常有新构想，且常想办法改变组织现状，他 常发起组织的变革。

Disturbance handler

（2）**干扰处理者**：管理者常碰到组织内外的压力与麻烦，当组织碰到非预期的麻烦时，他必须介入处理，以确保组织的顺利运作。

Resource allocator

（3）**资源分配者**：管理者负责分配组织的各项资源，并决定谁有权处分组织的资源。

Negotiator

（4）**协商者**：管理者必须介入不同立场团体的谈判，以平衡双方不同的利益。

管理者在职位上扮演十种角色，会形成某种形态或风格，产生某种结果或成效，换言之，十种角色是一个综合体，没有一种角色可以从管理者的作为中抽离出去，而不影响工作成果。例如，经理人必须扮演"联络人"角色，才能获取信息，有助于他扮演"信息传递者"角色：将有用的信息传送给下属；这些信息也有助于他扮演"资源分配者"角色，将组织资源适当地分配给最需要的人。

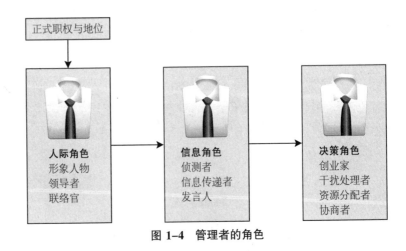

图 1-4　管理者的角色

管理小辞典
葛洛夫的总裁角色

英特尔是全世界最大的半导体公司，1982年葛洛夫以45岁年纪接掌总裁职位，他具有出色的问题分析能力、人际处理能力，带领英特尔全体同仁在激烈的半导体产业不断研发、转型，而被当时的董事长摩尔称为"全世界最有组织力的人"。从葛洛夫自己披露的某一天日程表，可以看出他每天必须因为不同情境而扮演许多不同的角色。

表 1-2 葛洛夫一天的管理角色

时间	活动	由葛洛夫观看此活动	扮演角色
08：00 | 08：30	与一位递辞呈准备跳槽的经理洽谈	我倾听他的理由，觉得应该可以把他留在英特尔。于是我鼓励他再跟其他几位经理谈谈，我也决定和这些经理谈这件事。	干扰处理者
08：30	接听竞争者打来的电话	表面上他打电话来是为了一场即将举行的产业会议，但事实上他想知道我对整个产业状况的看法；同样地我也想从他身上套出一些东西。	侦测者
08：30 | 09：00	阅读昨天下午以来收到的信件	我顺手回了大约其中一半的信，有一些表达我的赞同或是不赞同，有一些需要我提出行动方案。另外，我也否决了一个方案的继续执行。	信息传递者
09：00 | 12：00	参加高层主管每周举行的例会，商讨以下主题： ● 检讨上个月的订货状况以及送货情形 ● 讨论编订下年度计划的注意事项 ● 检讨某项营销方案的进度与成效 检讨某一生产线的流程缩减	我在上一次会议中发现某个案子进度缓慢，需要重新商讨。这回我发现已经有些进步，但在提案时仍有许多人有意见。 提案中指出这个方案进行情况良好。	信息传递者 资源分配者 协商者 侦测者 干扰处理者
12：00 | 01：00	在员工餐厅用餐	我碰巧和训练部门的人同桌。他们向我抱怨很难找到我或是其他高层主管去参与海外分公司的训练课程。我从来不知道有这件事。我在行事历中记下这件事，同时也记下要告知其他高层主管，对海外分公司的训练课程不要坐视不理。	侦测者 领导者
01：00 | 02：00	参加一场有关产品品质的会议	会议的大部分时间用了了解这项特定产品目前的状况，以及已经采取了哪些修正的方案。这场会议以我和部门主管一致的决策作为结论。我们决定再开始供货。	资源分配者 协商者
02：00 | 04：00	对新进员工演讲	这是公司设计的一个方案：高层主管通过这样的机会，向新进的专业人员描述公司的目标、历史以及管理系统等等。我是第一位上台的演讲人。这很明显的是经验传授，通过我，公司员工可以看到我们如何重视训练课程；并通过我处理问题的方式，他们可以了解公司的一些价值观。他们所提出的问题，也让我知道了一些我平时很难接触到的员工的想法。	形象人物 领导者 信息传递者
04：00 | 04：45	待在办公室回电话	我否决了某位员工的加薪，因为这个请求实在太离谱。同时，我决定开个会来决定哪些部门要搬到我们在别州即将落成的新厂。	资源分配者

续表

时间	活动	由葛洛夫观看此活动	扮演角色
04：45 | 05：00	与助理商讨事情	讨论下个礼拜需要参加哪些会议；他并告诉我，对于那些我不想参加的会议，有哪些替代方案。	信息传递者
05：00 | 06：16	阅读今天的来信与进度报告	就像今早看信一样，整个活动包含了信息搜集，发出警报以及决策。	侦测者 资源分配者

二、管理者技能

管理者要为组织设立目标，掌握组织资源，他不但要做事，也要管人，在做事与管人同时，还要注意环境变化以调整工作内容，可知管理者要妥善扮演角色、顺利执行功能并不容易。如图 1-5 所示，成功经理人需要下列三项技能[①]，以执行四项管理功能：

Katz（1955）

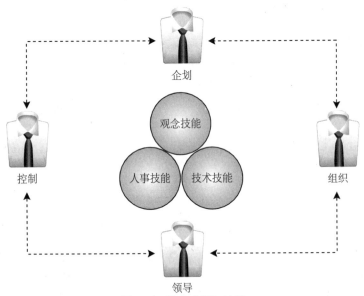

图 1-5　管理功能与技能

Technical skill

（1）**技术技能**：具有某种专业知识的技能，能够操作相关工具或装备，按照专业规则处理事务，这是"做事"的技能。

Human skill

（2）**人事技能**：能与人共事、沟通、协调、领导等技能，这是"管人"的技能。

Conceptual skill

（3）**观念技能**：能洞悉市场机会，整合各方看法，以超然立场整理出组织应发展的方向，这是"找出目标"的技能。

三、管理阶层

组织有各种管理职位，它们呈现不同的高低层级，让管理者依据职位层级对其他成员进行工作分配。如果将组织视为一座金字塔，管理者按职权大小在这座金字塔排列成高、中、低（基）三层：

第一是**高层管理者**：综合组织全盘业务，设定组织最后的产出目标，并为全盘组织绩效负责，一般由董事长、总经理、副总经理组成。 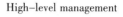High-level management

第二是**中层管理者**：当组织全盘业务细分为若干部分，分由不同中层管理者掌管；这些业务有的按照业务功能划分，如生产、行销、财务、人事与研究发展等，有的按产品或地区划分。每位中层管理者只对所掌理的业务负责，并且扮演高层管理者与基层管理者之间的沟通桥梁。 Middle-level management

第三是**基层管理者**：组织业务细分到作业基层人员，掌管这些基层人员的主管，称为基层管理者。他们直接面对"做事"员工，指导或监督这些员工做事，又称为"第一线主管"。 Low-level management

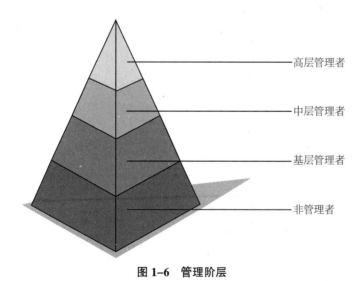

高层管理者

中层管理者

基层管理者

非管理者

图 1-6　管理阶层

每一阶层管理者都需要执行四大管理功能、扮演三大角色、具备三大技能，但是各阶层主管所做的或所需的管理功能、角色、技能并不相同，换言之，管理功能、角色、技能会因管理者所处的阶层而异。兹说明如下。

1. 功能差异

高层管理者比中、基层管理者，花较多时间在企划、领导，较

少 的时间在控制；反之，基层管理者花较多时间在控制，较少的时间 在企划。中层管理者相对于高、基层管理者，花较多时间在组织，三者的时间分配如图 1-7 所示。

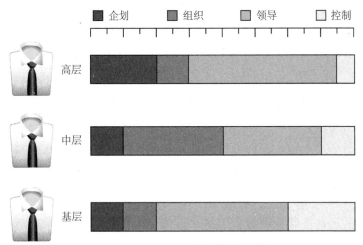

图 1-7　不同阶层所执行的管理功能

2. 角色差异

管理阶层愈高，管理者在组织中所需扮演的角色越多元，且各种角色的替换也越频繁。换言之，高层管理者经常要扮演十大角色的任何一种，而且因不同场合要不断更换角色，例如，在外面应酬时，扮演"形象人物"，回公司开会时，要立即更换为"资源分配者"。

3. 技能差异

高层管理者相对于中、基层管理者，需要较多的观念技能与人际技能，需要较少的技术技能。反之，基层管理者相对于中、高层管理者，需要较多的技术技能，需要较少的观念技能与人际技能。这些差异如图 1-8 所示。

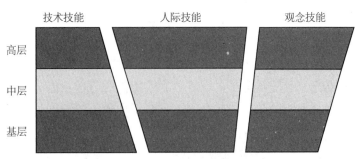

图 1-8　不同阶层所需的管理技能

管理的历史演进

自古以来人类为了求生存，一直运用"管理"来维持人类社会的秩序，然而，管理多数依附于神权、君权、封建社会伦理，极少交付给专业经理人员，而他们的职责是提高效率、提升生活品质，未必在维护某些信仰或阶级利益。

19世纪工业革命带来生产工具的改善、市场的扩增，管理才正式兴起，并逐渐以有目的、有系统、有规则的知识在组织内部流传与应用。这些知识不断累积，并随环境改变，以及新理论的开创与实践，一代代地蜕变。以下介绍在蜕变中发展出来的管理理论三大派别，以及整合这三大派别的权变理论。

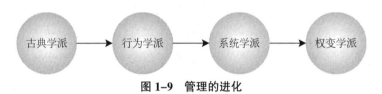

图 1–9　管理的进化

一、古典学派

Classical school

古典学派奠定管理的专业角色：组织需要一群人调离生产作业，专门研究并设计最佳的生产方法，再导入生产作业，并检视成效。它从组织分工、专业生产的基础出发，探求**最佳方法**，使个人工作发挥最大效率，并为整体组织带来最大效率。

One best way

古典学派有两种理论：科学管理，以单一工作的管理为对象；行政管理，以整体组织的管理为对象，兹解说如下：

Manage a job vs. manage an organization

（1）**科学管理**：从工作现场收集客观资料，加以分析，找出最佳工作方法，提高工人生产力，同时改善作业流程。最早的理论是**泰勒**提出的**时间与动作研究**，它收集现场工人在作业程序所花的时间，找出最少时间花费的动作，训练工人熟练科学化的作业程序，提高产出水准，并将生产力提升所带来的利润，一部分回馈给工人，激励工人采用科学方法做事。

Scientific management

Taylor（1856–1915）
Time and motion study

（2）**行政管理**：组织利用**科层分工原理**，制定最佳的行政管理原则，作为管理人员的准则，以提升管理的行政效率。最早的理论

Administrative theories
Bureaucracy

Fayol（1949）

是**费尧**提出的 14 项管理原则①：分工、权责对等、纪律、事权统一、命令统一、个人利益依附于组织利益、报酬、集权、授权阶层链、秩序、公平、人事稳定、自动自发、团队精神。这 14 项管理原则是四大管理功能（企划、组织、领导、控制）的基础②。

古典学派受到最大的批评是它假设人是经济动物，工作只为了金钱报酬。为了获得金钱报酬，人们愿意无休止地改善工作、追求效率，所以，管理者应该善用这种人性特点，给予工人更高报酬水准 以提高工作产出，而使组织的产出最大化。这一论点可以描述为"尽可能设计高度专业化与效率化的工作，只要你付适当的酬劳，工人会像插上电源的机器一样，按照你所指定的方式工作。"

Behavioral school

二、行为学派

人未必是经济动物，人们愿意努力工作不只是为了金钱报酬，更重要的是要获得工作满足。所以，管理者应该强化对员工的关怀，重视员工的需求与尊严，鼓励员工参与，改善工作环境，使员工可以从工作中获得满足，如此，员工就会主动改善工作效率，最后整体组织绩效才能提升。

行为学派的管理理论可以视为对古典学派的反击，因为古典学派主张专业化分工，要求将员工视为机器加以不断"改良"，表面看似提高效率，实际上，贬损工人的尊严与价值，带来低落的工作士气，进一步影响工作绩效③。

Mayo（1933）

行为学派不鼓励分工，强调团队合作，鼓励采用更多的工作互动与互助，建立员工的**人际关系**以及**工作团队**的气氛，提高工作士气④。为此，管理者必须了解员工情绪、态度或需求，通过妥善的福利与工作环境，激发员工的工作热忱。

Human relationship
Work team
Mcgregor（1960）
Behavioral science

行为学派的理论有工厂实验的支持，加上**行为科学**的理论基础，20 世纪 30 年代逐渐流行，成为当时的管理主流。

Systems school

三、系统学派

第二次世界大战期间，以科学为主的知识（数学、物理等）广泛用于武器研发、军队调动、兵力部署、后勤补给等，获得可观效益。战后这些技术继续应用在很多公共工程建设，并引进管理领域，形成系统学派，大幅提升管理技术。它主张以系统观点看待管理问题，以先进科学技术解决作业问题，尤其借助信息科技来设计可操作的模式或制度，改善组织各项作业。

系统学派将管理视为一组投入、转换、产出以及回馈的系统，此一系统可以用精确的**计量模式**或**质化模式**来描述，帮助管理者了解问题，思考对策。一个系统可以拆解为许多独立的**组件**，每一组件就是基本的管理单位，运用信息科技对这些组件加以监控、追踪、改善，最后就能提升整体系统或组织的绩效[15]。

Quantitative model
Qualitative model
Component

Kast & rosenzweig
(1985)
Contingency theories

四、权变理论

由于管理系统渐趋开放，使管理更需要考虑组织与环境的互动性，导致管理的情境复杂，涉及的变数很多，多数成功的原理很难适用于不同的情境，在某一情境下有效的方法或制度，在另一情境下，未必有效。实务上很难有放之四海而皆准的管理原则，这一观点形成管理的权变理论。

权变理论认为管理必须适应环境变化，管理者必须寻求并确认对组织有重大影响的**权变变数**（例如，环境、技术、组织结构），深入了解这些变数对工作或组织的影响，并做妥善对应。

Contingency variables

权变理论认为不同派别所累积的管理理论都有其价值，也有其适用的情境，管理者必须先明辨它们的适用情境，妥善操作权变变数，依据适用的理论或方法来改善。**权变理论**使管理理论像"大海汇百川"一样，有更广阔与更包容的理论架构，也带给管理者更宽广的视野，以及不断突破创新的动力。

辩证

我们首先要从理论层面认识管理工作的内涵，大致了解什么是管理，谁是管理者。接下来，我们要用辩证角度探讨：什么不是管理？谁不是管理者？谁做的工作不是管理工作？管理工作有何特征？如何促使管理工作更为有效？

什么不是管理?

组织的工作可以分为两方面:①管理工作。②非管理工作。研究管理,我们很少讨论"非管理工作",如果能清楚辨识两者以及两者之间的关系,对"管理工作"会有更清楚的了解。

简单的辨识方法是管理工作在"管人",非管理工作是"只供人指导差遣,不会设计工作内容,也不会设定工作成果"。这一对比辨识解说两者的关系是:

● 管理工作能提升非管理工作的效率

● 非管理工作的价值成果取决于管理工作的指导

如果"管理工作能提升非管理工作的效率",我们更要质疑管理工作的效率。管理在促使工作有效,如果管理工作缺乏效率,非 管理工作的效率也无从提升。所以,增进管理者做事的"有效性"等同间接提升非管理工作的效率。

管理工作的"有效性"特别指"效向"。如果工作有效率,但没有效向,也就是说,即使有最大的产出,但这些产出对顾客不具价值,这些产出并不具意义,它们不能算是"管理"的有效性。因此,彼得·德鲁克以"知识工作者"与"体力工作者"来区分管理工作与非管理工作,他的辨识标准是**知识**,根据他的辨识标准,下列三类工作都**不是管理**[16]:

Knowledge

Drucker(1967)

(1)只需要把自己的工作做好,不需要通过他人来将事情做好的工作,不是管理;例如自己动手刷油漆、自己动手将档案文件整理好,都是非管理工作。

(2)工作不需要利用新资信或新知识者,不是管理。针对过去工作经验,重复做事,不需要再利用新的信息或知识,不是管理工作;这类工作只是体力工作,不算知识工作。

Performance

(3)工作不需要有**实践成效**者,不是管理;例如,欣赏名画,单纯满足观赏者的美感兴趣,不是管理工作;但通过欣赏名画,获取产生制作名画的灵感或素材,欣赏名画可能是管理工作的一部分,只要它有助于产生成效(获取灵感或素材)。

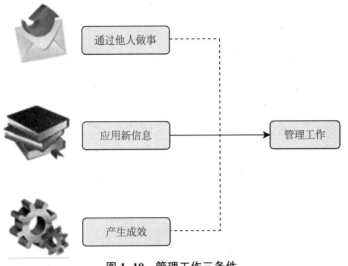

通过他人做事

应用新信息 → 管理工作

产生成效

图 1-10 管理工作三条件

谁是管理者?

"管理者"是"做管理工作的人",以下观点强调成为管理者的不同要件:

● 职位说:在组织担任管理职位者,例如课长、主任、经理、总经理等。

● 要件说:工作上必须通过他人完成工作者。

● 功能说:执行"管理功能"者(企划、组织、领导或控制)。

● 角色说:工作上扮演十大管理角色者。

● 有效说:职务工作合乎彼得·德鲁克的"有效"三条件(通过他人做事、应用新信息、产生成效)。

上述观点彼此之间有若干冲突,例如,在"有效说"之下,很多在组织担任管理职位者,如果他们的工作缺乏"有效",就不能称为"管理者"。彼得·德鲁克对管理者加了很严格的条件,这是管理者必须深思的,经理人不能以为自己担任主管就是"管理者"。身为管理者必须借自己的地位或知识,对全体组织的成效做出贡献。对组织成效缺乏贡献者,不管他的职位多高,都不能算是"管理者"。

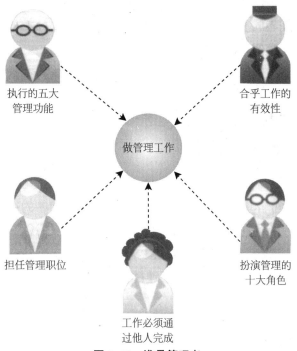

图 1-11　谁是管理者

Self-managing

　　有一些工作上没有下属可以"管"的**自我管理者**，能算是"管理者"吗？这些人可能是业务代表、律师、会计师、工程师等，他们独立工作，虽然没有通过他人做事，但是不断学习管理技能，广泛地应用新信息，自己指挥自己，使自己的工作产生更大的成效，也算是"管理者"。

Knowledge worker

　　自我管理的"管理者"与前述各种管理者条件有些矛盾，不过它强调管理者是一位时刻在运用知识、产生知识与成效的**知识工作者**，这正是管理者最重要的职责。因此，组织中每一个人都可能是管理者，都需要学习管理技能，即使他们只管自己的工作，没有明确的下属供其指挥⑩。

管理者的工作：传言与事实

　　管理工作在使组织的投入转化为产出，管理行为包括确定组织主体，认清组织各项投入与产出之要素，促使"投入"变成"产出"。执行这些工作的管理者肩负管理重任，他们的工作职称（例如董事长、总经理、副总经理、经理、主任）隐含他们的工作内容必须理性、专业、正式化、权威性，它给予一般人的刻板印象应该是：

（1）管理者是一位凡事**深思熟虑**、有条理的规划者。

Reflective

（2）管理者的主要工作在处理下属无法处理的意外事件，他们很少担负**例行工作**。

Regular duties

（3）高层主管所需要的全盘管理信息大都从组织的正式信息渠道获得。

（4）管理者的管理决策判断大都根据管理科学知识，属于专业工作。

管理学者**亨利·明茨伯格**认为上述刻板印象都是**传言**[18]，管理者的真实工作与这些传言描述有一大段距离。全天候尾随管理者，详细记录他们的真实活动，明茨伯格近身观察管理者的行为，他发现管理者工作的**真相**是：

Henry Mintzberg
Folklore

Fact

（1）管理者的工作步调非常紧凑，工作必须盯住具体目标，活动特征是：简短、多样、**不连续**[19]，未必有足够时间让他们深思熟虑。

Discontinuity

（2）除了处理意外事件外，管理者也担负很多例行工作，包括出席会议、会签公文、担任谈判代表、会见客户等。

（3）高层主管需要的全盘管理信息大都通过**口语信息**（谈话、电话与会议）获得。

Verbal media

（4）管理者的决策判断大都根据直觉与经验，很少根据**科学与专业**。

Science and profession

高层主管与组织内部人士的沟通接触主要靠口语沟通，如图 1-12 所示明茨伯格研究五位执行长的沟通接触的次数分配[20]。平均而言，他们全部口语沟通接触次数中有 48% 花在下属身上，7% 花在公司董事身上，44%花在组织外部人士身上（客户、供货商、商场友人占 20%，朋友占 16%，其他人士占 8%）。相对地，执行长花在信件或文件的沟通接触次数，只有 39%花在下属身上，1%花在公司董事身上，58% 花在组织外部人士身上。

上述真相让我们知道管理工作非常复杂，管理任务非常艰巨，我们期待管理者在职位上获得组织支持（正式化信息），以利于他们从事理性、专业的管理工作，完成任务目标，实务上并不如此单纯。相反地，管理者的工作真相提醒我们：很多管理工作**窒碍难行**，原因是：

Managerial logjam

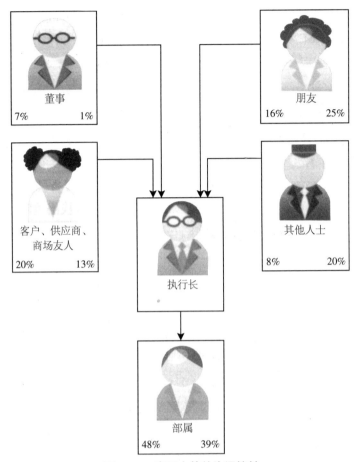

图 1-12　高层主管的沟通接触

（1）经理人很忙，时间不够。

（2）管理工作很难委派他人处置，经理人必须亲自动手处理。

（3）管理信息储存于少数人身上，必须通过口语传送。

（4）无法使用科学与专业来强化管理工作的有效性。

"管理工作"的管理：强化有效性

如果管理者的工作真相是：①工作步调紧凑。②担负很多例行工作。③通过口语信息获得所需信息。④根据直觉与经验做决策。在这些真相的条件下，如何强化管理工作的"有效性"呢？

经理人必须认识管理工作的本质，充分理解工作的限制 与所承受的压力，然后积极找出能够排除管理工作的限制要素，亨利·明茨伯格提供以下建议②：

（1）找出一套系统性方法来与他人分享独有资讯：例如养成记录工作心得的习惯、定期与重要下属会面沟通、利用电子邮件或网站分享工作经验。

（2）找出关键要素，与专家一起解决问题：应付各种琐碎事务时，不要困在事情表象中，必须综观全局，找出重点，找对专家，一起共同解决问题。

（3）**时间管理**：不要将宝贵时间被动受人切割，应该主动掌控时间，将零碎时间集结起来，完成需要大量时间完成的工作。

Time management

 实例验证

（1）请说明日月潭农产运销合作社的组织任务。

（2）请说明日月潭农产运销合作社的投入资源。

（3）请说明日月潭农产运销合作社如何为顾客创造价值。

（4）请说明日月潭农产运销合作社的经理人如何定义与理清他的价值目标。

（5）请说明经营日月潭农产运销合作社，需要哪些管理功能，具体的工作项目是什么。

（6）请说明王顺瑜在创立日月潭农产运销合作社时，他需要扮演哪些管理者角色。

（7）请说明经营日月潭农产运销合作社，需要哪些管理技能，具体的技能项目是什么。

（8）请上网收集日月潭农产运销合作社的组织与人员的资料，并按他们的层级划出高层、中层、基层管理者。

（9）日月潭农产运销合作社的管理模式比较符合哪一种管理学派？为什么？

第二章　决　策

学习目标 **研读本章之后，您将能够：**

1. 认识管理决策的特性

2. 了解机会、问题与决策的关系

3. 认识信息与决策的关系

4. 认识决策过程

5. 知道在不同情境下的决策分析

6. 了解各种决策风格

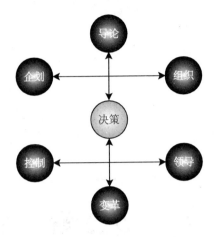

个案：石头记

理论

管理决策的特性

一、机会、问题与决策

二、信息与决策的关系

解题过程

一、确认"问题"

二、设定目标与准则

三、提出各种对策

四、评估各种对策

五、规划决策

六、实践解决

四种情境的决策分析

一、混淆情境

二、不确定情境

三、风险情境

四、确定情境

管理者的决策风格

一、不完全理性决策

二、决策风格

三、集体决策

辩证

做决策的规范与实际行为

理性分析的谬误

决策风格的应用

三种决策模式：先想、先见与先做

集体决策的谬误

实例验证

个案
石头记

20 世纪 90 年代中国台湾圆艺珠宝公司到大陆东莞雁田镇投资，从事来料加工的外销生意。20 年来公司大力转型，从代工（圆艺）转为自创品牌（石头记），从制造业跨入服务业，逐渐建立文化创意、旅游事业王国，它的每一段转型都在极度不确定情境，极少人敢尝试，但靠董事长苏木卿的判断、信念、执着，从很多艰难决策中，逐步缔造全新事业版图。

到大陆从事外销代工五年（1995 年），苏木卿决心要转型做内销，在大陆各地参加两百多场展销活动，有一次，在青岛珠宝商展，一位女士买了人民币 100 元的玛瑙镯子，她认为是假货，因为价格低得离谱（当时每支玛瑙手镯市价要人民币 1 万元），苏木卿提出保证，产品若是赝品，假一赔百，因此赢得顾客信任，他从这里看到大陆销售自创品牌的商机。

1997 年，中国宝玉石界第一个商业品牌"石头记"正式注册诞生，运用这个商标，开始在各大城市推展加盟连锁。通过醒目招牌、开架销售、独特饰品陈列等一系列革命性做法，令市场耳目一新。不同于其他饰品店将昂贵珠宝锁在橱窗内，防止偷盗，苏木卿认为让顾客可以方便地拿取、试戴、选购，真切感受产品价值，效益绝对高于偷盗的风险，果然，每年近乎倍数成长的业绩证明他的想法正确。

2004 年底，公司以 1500 万人民币标下中央电视台黄金时段广告，广告打出后，各地要求加盟的商家络绎不绝。2007 年第一千家加盟店成立，"石头记"并获得"中国驰名商标"称号。在打品牌与盖工厂之间，台商都会选择后者，因为品牌建立要靠砸钱打广告，广告效果不如盖厂房具体实际。

"假使一亿人民币可以办一座工厂，'石头记'一年投入的广告费可以盖两座工厂"，广告花费如此巨大，苏木卿仍然选择投资品牌，而非工厂设备。在仿冒大行其道的中国，广告投资效益很低，苏木卿却用不同想法来看待：有人仿冒，才能坚信"石头记"是名牌。

除了无形品牌价值资产外，"石头记"的有形资产也非常雄厚，这归功于 2002 年，苏木卿在广州市花都区买下远超过当时需要的土地（130 亩）来兴建厂房，以红楼梦为主题的未来模糊厂区概念是他购地、扩充事业版图的考量，投下人民币 1000 多万元买下工业区土地，当时蒙受很大风险，现今却获利好几倍。

2004 年，只用一半土地兴建的"石头记工业园区"正式启用，园区有厂房、仓库、办公楼、员工宿舍、会议厅、招待所……，建筑物美轮美奂，员工在花园般的环境工作，访客也仿佛置身于旅游景点，这对来自全国各地洽谈、订货的连锁店加盟主特别重要，增加他们对"石头记"品牌的认同与信心。

工业区另一半土地用于兴建全世界第一座矿物园，构想来自苏木卿 2006 年到奥地利知名水晶工厂施华洛世奇 Swarovski 总部参观，它投资的水晶博物馆给苏木卿很大启发，让他体会文化才是品牌最深层的涵义。

"石头记"必须有某种独特文化，必须用某些特定元素（石头）来塑造品牌价值，并且不断诠释这一价值。于是，"让石头自己说故事"成为下一阶段决策的主轴。

2007 年开始规划一系列"宝石文化"，包括用各类石头做成栩栩如生的满汉全席佳肴、远古时代留下的木化石森林、外层空间的流星陨石、琥珀墙、传国玉玺、红珊瑚、水晶观音、通灵宝玉等。2009 年 8 月"石头记矿物园"开始对外营业，由地上石雕公园和地下奇石世界两大部分组成，地上的石雕公园免费开放参观，地下奇石世界收费。

投资近一亿人民币的矿物园，开张营运后游客很少，但苏木卿认为决策正确，投资是赚钱的。首先，单就园区珍藏的宝石过去三年的增值，就足以再盖一座矿物园。其次，若计算每天从很少游客人数带来的口碑、品牌忠诚，让每年公司呈等比率减少的广告支出，矿物园的投资报酬率应该很惊人。

这座结合博物馆、餐饮、休闲观光与购物机能的矿物园，已经成了广州花都旅游新景点。2011 年 4 月石头记矿物园被评鉴为中国国家级四 A 旅游景区，和张家界龙王洞处于四 A 同级旅游景区，这些成就为"石头记"的未来开一条更广阔的路。苏木卿脑中已浮现以下构想："未来，整合石头记两个园区（工业园区与矿物园区）与附近工厂，形成一个更大市集，继续朝五 A 旅游景区目标迈进，让花都变成广州珠宝的重镇，此外，还要在北京、上海、沈阳等著名旅游胜地，复制石头记文化创意园区，最后回故乡台湾地区落脚。"

 **理论**

在剧烈变动环境下，做决策的情境不断在转变，经营者必须面对许多全新而不熟悉的情境，"摸着石头过河"常是管理者面对的决策情境。过去 20 年"石头记"的经营者在大陆投资，正是许多台商的写照。

从传统代工行业转型自创品牌，从制造业跨入服务业，"石头记"的经营者不断在探索新的机会，也不断面临新的决策问题，这些问题都不会是过去同样问题的重复，经营者必须不断收集信息，协助他做出正确的决策判断。

Managerial method

管理者每天都在找问题、解决问题，每位经理人都有他定义与解决问题的方法，这些方法可以视为他的**管理方法**。他在这过程中必须做很多决策，以影响他人工作，完成任务，实现组织绩效。所以正确了解管理决策，学习如何做正确决策，是很重要的管理技能。

以下先介绍管理决策的特性，其次介绍决策的解题过程，然后讨论四种情境的决策分析，最后介绍管理者的决策风格。

管理决策的特性

管理决策可以根据四大管理功能而划分为规划决策、组织决策、领导决策、控制决策等四类，它们各有不同的决策目的与技巧，构成不同职能或层级的经理人的主要的决策职责①。

管理决策的目的在**解决问题**，所谓"解决"是发生问题或危机时，提出消除或减少负面影响的对策。更高明的管理决策是未雨绸缪——预知潜在问题或危机的发生，提出消除潜在负面影响的对策。 Solving problem

所以，经理人碰到问题才来想解决对策常是下策；最高明的决策是预知问题，在问题尚未产生时，就加以解决。但是，做决策不仅在消极防止问题发生，应该积极开拓机会，它和**预知问题**一样：洞察可能机会，做决策来掌握机会。 Foresee problem

决策的解决方法与情境有密切关系，以下分两方面来探讨：①机会、问题与决策。②信息与决策的关系。

一、机会、问题与决策

做决策解决问题，它包括一系列解决问题的相关活动，首先必须确认**问题**的存在，再去想各种可能的解决**方法**，然后**选择**一个最能实现目标的方法，最后去**实践**它。上述"问题—方法—选择—实践"的解题过程，就是决策过程。 Problem
Solution
Choice

换言之，做决策是提出某些解决对策，并产生行动——让某些事情发生，以创造预期的未来。做决策包括选择与拟订行动方案，最后做出能产生行动的"决定"——决定应该采取什么行动，所有行动都针对要追求的特定机会与待解决的特定问题。 Implementation

所以，机会与问题存在于做决策之前，并驱使做决策的必要性。机会与问题都是目前要做决策的对象②，它们可以定义为：

● **机会**：现状能够改进与创造理想未来的状态。 Opportunity

● **问题**：现状与预期目标之间的差距。 Problem

管理者每天都会碰到各种不同的问题，这些问题都有轻重缓急，有些问题不值得花时间找对策去解决③，有些问题必须立即做决策解决；有些决策是例行的，有些是全新的；有些影响深远，有些只在解决当前问题，对未来不会有影响。

Programmed decision

　　例行性决策又称**程序化决策**，这些决策经常重复发生，可以通过过去某些经验规则来处理解决。另一种不会重复发生、非例行的决策，它只发生一次，很难用过去某些经验规则来处理解决，又称

Nonprogrammed decision

Decision structure

Continuum

非程序化决策。任何决策都有不同的例行性或程序化成分，代表决策是否可以借用过去某些经验规则来处理解决的程度，称之**决策结构**，程序化的成分比例构成一条**连续线**，线的两端代表完全程序化与完全非程序化决策。

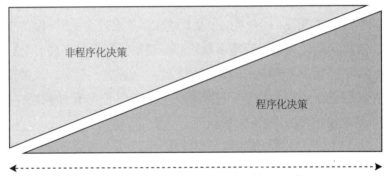

图 2-1　决策的程序化结构

　　管理者碰到问题时，必须先掌握问题的例行性，对于可以借用过去经验规则来处理解决的问题，就不应视为特殊问题，而排除过去的经验规则。借用过去经验规则来解决例行性问题，可以节约时间与成本，更能有效解决问题。如果问题无法用过去的经验规则解决，它就是非程序化决策，管理者必须发展独立创新的方法，采取个案方法解决。

　　所以，分辨哪些问题必须采用程序化决策，哪些问题必须采用非程序化决策，非常重要。彼得·德鲁克说，许多决策者常犯的错误是将一般性问题视为一连串的独立事件来处理。原因是，决策者缺乏对一般性问题的了解，也不知道该借用哪些例行性决策的原则，以致无法累积解决问题的经验，造成不能有效解决问题。另一种决策者容易犯的错误是碰到全新特殊问题时，却将之视为一般性老问题处理，不断套用过去的经验规则，以致问题不能有效解决④。

二、信息与决策的关系

在"问题—方法—选择—实践"的解题过程中,经理人必须运用信息辨识正确的问题或方法,然后做出产生行动的决定。在实际行动中,经理人需要信息回馈,掌握改善行动与预期目标之间的差距,然后做必要的调整,务使决策成果能有效解决问题。上述解题过程,经理人必须收集与辨识下列信息:

● 发生什么事?

● 为什么发生?

● 如何解决?

● 成效如何?

表 2-1 解题与信息

步骤	问题	信息种类	范例
1	发生什么事?	评估与理清	顾客认为玛瑙镯子是假货
2	为什么发生?	探究因果	当时大陆的制造技术落后,制造成本高,便宜的产品被怀疑是假货
3	如何解决?	选择对策	自创品牌销售货真价实的珠宝饰品
4	成效如何?	衡量成果	"石头记"连锁商店贩卖让顾客安心的珠宝饰品

如果**信息充分**,经理人充分了解:"发生什么事?""为什么发生?""如何解决?""成效如何?",他们就能够确认解决问题的目标、手段、结果三者,进而充分掌控决策情境。所谓**决策情境**乃是经理人对问题的目标、手段、结果三者的掌握程度,根据这一程度的掌握,可以将经理人面对的决策情境分为以下四种[5]:

(1)**确定情境**:管理者有完全充分的情境信息,他充分了解问题,知道解决问题的目标、手段,也确知会发生的结果。例如,他知道供货商"一定"能准时供货、客户"必然"会付款、下个月业绩"肯定"会增长等。

(2)**风险情境**:管理者知道解决问题的目标、手段,也知道各种可能结果,但不知道哪一种结果确定会发生,只知道某一种结果会比另一种结果"较可能"发生,此种可能性能用概率表示,例如,他知道供货商有百分之八十的可能性会准时供货、客户有百分之九十的可能性会付款、下个月业绩有百分之五十的可能性会增长。

(3)**不确定情境**:管理者知道解决问题的目标、手段,但不知

Perfect information

Decision situation

Certainty

Risk

Uncertainty

道结果，不知道哪一种结果"可能"发生，例如他不知道供应商能否准时供货、客户能否付款、下个月业绩能否增长等。

Ambiguity

（4）**混淆情境**：管理者完全缺乏情境的信息，他搞不清问题，对解决问题的目标只有模糊概念，不知道完成目标的手段，也不知道结果会如何。

图 2-2　问题的决策情境

显然，如果情境是确定的，管理者很容易判断问题、选择解决对策、掌握结果；如果情境具风险性，管理者只要根据风险概率，也很容易判定问题、选择解决对策；如果情境不确定，做决策就很困难，管理者几乎无法选择解决对策，也不知道可能结果，决策好像"赌博"一样；如果情境混淆，管理者对问题只有模糊概念，不知道解决对策，也不知道解决后的结果。

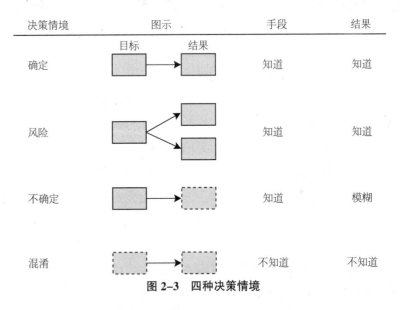

决策情境	图示	手段	结果
确定	目标 → 结果	知道	知道
风险		知道	知道
不确定		知道	模糊
混淆		不知道	不知道

图 2-3　四种决策情境

Improving decision situ-
ation

所以，**改善决策情境**比做决策本身还重要，它应该是决策过程的一部分。所谓"改善决策情境"就是收集更完整的信息，提升决策者对问题的目标、手段、结果三者的掌握程度。不管决策者处于"风险情境"、"不确定情境"或"混淆情境"，他必须收集信息，改善决策情境，努力将所面对的情境变成"确定情境"。虽然并不是所有情境都能变成确定情境，但是，至少要提高决策情境或知识品质的等级，例如，将混淆情境能改善为不确定情境；不确定情境改善为风险情境……依此类推。

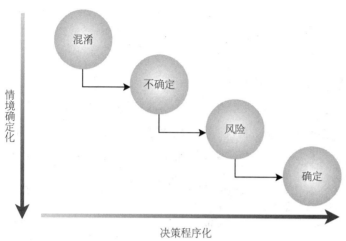

图 2–4　改善决策情境

如果决策情境可以改善，理论上，所有决策情境都能被改善到"确定情境"。例如，如果混淆情境能改善为不确定情境，表示它也能进一步改善为风险情境，甚至确定情境。情境改善是通过信息来实现，换句话说，通过信息提高知识品质，认清问题，改善决策情境，提升到"确定情境"，经理人就能用确定的方法（手段）做对的事，进而有效解决问题。所以，在改善决策情境下，信息的功能是：

（1）理清手段与目标的关联（哪一种解决对策能实现什么目标）。

（2）理清手段与结果的关联（哪一种解决对策会产生什么结果）。

（3）掌握手段导致结果的可能（哪一种解决对策能产生某种结果的概率）。

所以，信息与决策情境是对应的，信息缺乏造成情境混淆，信息讯若逐渐充分，情境也就逐渐改善，混淆会变成不确定，不确定情境能改善为风险情境，决策者逐渐能判断"哪一种解决对策会产生什么结果"、"某一种结果比另一种结果较容易发生"，这种判断能以**概率**形式表达，而将模糊的"可能性"转化成具体的发生概率（数据），进而提高决策品质。

Probability

解题过程

管理者经常面临混淆情境：问题不清，找不到目标方向，想不出方案手段，不知手段与结果的关系，不知哪一种手段会导致哪一种结果。循着"问题—方法—选择—实践"的解题过程，可以帮助管理者理清问题，找到"目标—手段—结果"三者关系，据以构思解决问题的方法，最后产生行动，解决问题。

通过解题过程，管理者能将混淆情境变成确定情境，他知道问题所在，也知道"目标—手段—结果"三者的关系，能从中找出对策，解决问题。解题过程可以分为两部分：

Definition process

（1）**定义过程**：明确定义问题。

Solving process

（2）**解决过程**：针对问题提出对策解决。

解题过程必须先对问题有清楚的了解，再就所定义的问题提出各种解决对策，并从中找出一个最佳、最合适的方法，将问题解决。整个过程可以分为定义、解决两部分。这两部分可以拆解为六个步骤：

Define the problem

（1）确认问题。

Set objectives and criteria

（2）设定目标与准则。

Generate alternatives

（3）提出各种对策。

Evaluate alternatives

（4）评估各种对策。

Plan the decision

（5）企划决策。

Implementation

（6）实践解决。

六个步骤中，前面两个步骤（确认问题、设定目标与准则）属于定义过程，后面四个步骤（提出各种对策、评估各种对策、企划决策、实践解决）属于解决过程。"定义过程"相当于"问题分析"，它针对问题进行分析，用以确认"发生什么事？""为什么发生？"与"有什么可能问题（机会）？"这是问题的发现与了解阶段。"解决过程"可以再分为两个部分："决策分析"与"行 动"。"决策分析"在思考"如何解决？"，亦即寻找对策，决定行动方案⑥，最后产生

Action

行动。

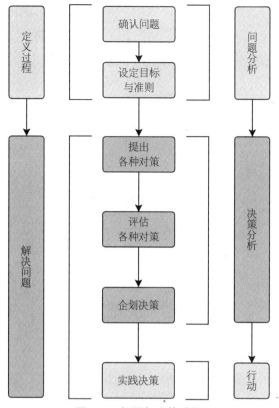

图 2-5　解题与决策过程

表 2-2　解题、决策与分析方法

决策问题	解题程序	分析方法
有什么可能机会	确认机会	机会分析
发生什么事	确认问题	机会分析
为什么发生	寻求原因	问题分析
如何解决	寻找对策	决策分析

图 2-5 与表 2-2 列出六个步骤与两个过程、两种分析的关系。以下逐一解说解题六个步骤。

一、确认"问题"

决策问题分为两类：还未发生的问题（或**潜在问题**）与**已经发生的问题**。许多管理者只注意"已经发生"的问题，忽略"还未发生"的潜在问题，以致丧失很多机会，这是非常不明智的，"未雨绸缪"比"临阵磨枪"更重要。

对于已经存在的问题，不能只看问题表面，必须找出问题发生

Define the problem

Potential problem

Existing problem

Gap

的原因。而且问题不能只用模糊概念陈述，最好用现状与预期之间的**差距**来具体表达。换言之，问题乃是现状与预期之间的差距，解决方案乃从造成差距的原因去寻求。

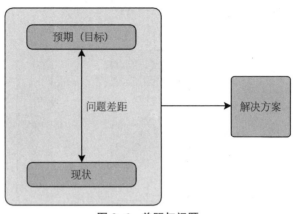

图 2-6　差距与问题

Set objectives and crite-ria

二、设定目标与准则

任何问题都要设定应该解决到什么程度的目标，通常会以"预期"要完成的状态作为目标，它也可以用"现状"应改良到什么程度或"问题差距"应减少到什么程度来表示。例如，原来从事饰品外销加工的苏木卿，在大陆销售人民币 100 元的真品玛瑙镯子，被认为是假货。他要让顾客相信他所销售的珠宝饰品都是真品（预期），但当时现状却是：消费者不相信他所销售的珠宝饰品是真品，于是他开始构思在大陆自创品牌的商机，开设连锁店，运用品牌行销向顾客进行宣传，就是要拉近两者差距的决策做法。

准则是解决方案必须具备实现目标的条件，解决方案必须符合准则所设定的条件，否则将不会被选为解决方案。准则的表达方式有两种：

Must criteria: Must be

（1）**必要准则**：以必须要有、不得缺少的要件表示准则条件，具备要件者才能被挑选作为解决方案，否则不列入考虑。

Want criteria: More is better

（2）**想要准则**：以量化分数表示想要的程度，符合某些条件的程度（分数）越高的解决方案，表示越想要，越优先应列入考量。

Acceptable

Optimal

解决方案常用多个准则条件来评估，如果有多个解决方案同时满足（多个）必要准则，这些解决方案都是**可以接受**的方案，若要从中找出**最佳**的方案，就需要用想要准则来挑选。每一解决方案符合准则条件的程度分数表示，总计所有条件而得出总分最高的解决方案，就是最想要的方案，也是最佳方案。

管理小辞典
目标与准则的关系

目标与准则的涵义并不相同，有些人会将两者搞混；简单讲，目标必然是决策要考量的准则，但并非所有决策准则都是目标。

例如，企业最重要的目标是"获利"，所以获利高低当然是挑选解决方案的评估准则，任何一个解决方案都会以获利水准进行评估，能实现最高获利目标者，自然是最佳方案。

但是除了以目标作为条件准则外，其他的条件准则应加考虑，例如，企业不得经营非法事业，"非法事业"是企业经营的条件准则之一，但绝非目标。

三、提出各种对策

Generate alternatives

如果解题过程只找出一项对策（解决方案），未必是最有效的解决对策。有效的解决对策，不会只限于少数固定的解决方案，必须提供多种方案供管理者选择，因为：①无法事先知道哪一项方案最好，提出越多方案，越能从中挑选到最好的对策；②通常解决问题的方案有很多种，但必有一种最佳，如果只提出一种或少数几种，常有遗珠之憾。

要提出更多解决方案需要很多人参与，大家一起集思广益，贡献经验与智慧能力，例如通过开会集体讨论，避免偏袒少数人提供的方法，却限制更好对策的寻找。集思广益的方法包括[7]：

- **脑力激荡法**   Brainstorming
- **团体献策**   Nominal grouping
- **共识投射法**   Consensus mapping
- **戴尔菲法**   Delphi technique

四、评估各种对策

Evaluate alternatives

提出各种解决对策后，接下来要利用第二步骤所设定的目标与准则，进行评估，从中挑选一项最佳方案。评估过程是比较每一项方案：①是否满足目标或准则的要件。②满足的程度如何。然后进行排序，选出最符合目标或准则者。

在评估多种解决方案时，可以先用"必要准则"淘汰若干解决方案，其余方案再以"想要准则"进行评选，找出能满足想要程度最高的方案，即为最佳方案。

Plan the decision

五、规划决策

通过上述步骤，提出问题的最佳解决对策，接下来就要考量执行解决方案的细节，根据决策目标制定实现计划，安排相关工作，排除可能的困难。

Implementation

六、实践解决

根据制定的计划，赋予有关人员工作职责，逐步解决问题。

四种情境的决策分析

决策情境因经理人对问题的目标、手段、结果三者的掌握程度而异，这些掌握乃基于经理人对于问题是否有完全充分的信息，以利于对情境的判断。信息完全的情境称之确定情境，信息部分完全的情境称之风险情境，信息不完全的情境称之不确定情境，信息最缺乏的情境称之混淆情境。决策方法与解题过程会因情境而异，兹从混淆情境分别说明各种不同情境下的决策分析。

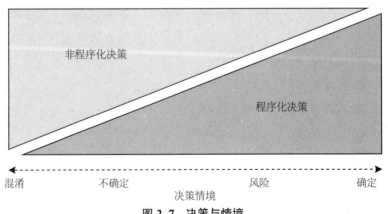

图 2-7 决策与情境

一、混淆情境

在信息严重不足的情况下，管理者不熟悉环境发生的事件，无法确知 或预测事件的发展走向，对目标只有模糊概念，不知道应该使用哪些手段，更不知道结果如何，手段与结果的关系混淆，目标无法制定，问题很难确认，因为：

（1）许多问题交错在一起，无法分辨真伪、因果、轻重。

（2）某项问题是数个问题造成的"问题"，背后的因果关系常常无法"确知"。

（3）对问题只做假设性的描述，很难从现实事例中获得验证。在混淆情境下，决策者需要超脱现实或传统的问题框架，运用主观假设描绘问题的轮廓，尝试用创新方案解决问题⑧。这是一种**尝试错误**的手段，它会随着环境的改变或问题的发展，不断修正，直到问题消失为止。

Try-and-error

管理小辞典
客观不确定与主观确定

在混淆或不确定情境中，情境中有很多未知的变量，管理者的信息有限，他无法全盘了解、掌握问题，但他会运用假想、模拟、推断，将许多未知的变量转化成可知的变量。

管理者的假想、类比、推断都源于个人的心智地图，心智地图乃是从过去处理事物的心得经验汇整成图像或规则，借助这些地图帮助管理者解读环境中的各项信息，并获得个人对问题的主观见解，据以提出各种解决对策。

20世纪90年代台湾地区很多制造业厂商到大陆投资，他们也都面临与"石头记"公司相同的情境，但多数厂家都只专注于为国际品牌大厂代工，忽略在大陆内销市场自创品牌的机会。"石头记"公司在当时环境能转型而自创品牌，主要是经营者具有不同于一般经营者的心智，而对当时环境事件做出不同的解读，因而采取不同的对策。在不同的心智影响下，经营者会将客观的不确定变成他们主观的确定，然后提出独特的解决对策，并且能够很坚定地实践自己提出的对策。

二、不确定情境

决策者身处有限信息，对于问题只做概括描述，并借此找出目标、手段；但他无法明确知道问题解决的结果，不知道哪一种结果最可能发生。为了理清"目标、手段、结果"三者关系，决策者必须收集更多信息，通过信息提高知识品质，改善决策情境，正确定义问题，找出有效解决问题的对策。

例如，当苏木卿在大陆从事饰品外销加工时，他感受到公司必须转型，他通过到大陆各地参加展销活动来收集信息，找出改善经营困境的对策。当"开发大陆内销市场"成为经营目标时，"参加展销会"与"开设连锁店"是两种实现此一目标的手段，当时，他无法确知这两种手段能够实现结果的效能，不过通过观察、尝试等收集信息的方法，他逐渐认识两者的关系。

三、风险情境

管理者拥有相当充分的信息，知道"目标、手段、结果"三者关系，知道不同的手段方案能产生不同的结果，也知道各种结果发生的概率。根据这些信息加以分析，管理者能从多种方案中作出最佳的选择。决策分析的过程是：

Identifying alternatives

Identifing criteria

Listing possible outcomes for each alternative estimating payoff

Assigning probability for each possible outcome

Weight each outcome with its probability

（1）确定方案手段。

（2）确定评估准则（一般以报偿高低为准则）。

（3）列出每一方案可能的结果。

（4）估算结果的报酬。

（5）赋予每一结果可能发生的概率。

（6）就发生概率与结果报偿加权评分。

（7）选出最佳方案。

管理小辞典
风险情境下的决策分析

"石头记"公司考虑以自创的品牌来打入大陆市场，其分析步骤为：

（1）确定方案与实现结果：有 A、B 两个方案：

A. 外销代工。

B. 自创品牌。

（2）确定评估准则：以投资报酬率的高低为评估准则。

（3）列出每一方案可能的结果：A、B 两个方案个别都有三种可能经营结果：非常成功、普通水准、失败。

（4）估算结果的报偿：A、B 两个方案实现三种可能经营结果的投资报酬率如表 2-3。

（5）赋予每一结果可能发生的概率。

表 2-3　列出方案可能结果的报酬率

	非常成功	普通水准	失败
外销代工	30%	20%	-40%
自创品牌	25%	15%	-18%

表 2-4　列出方案可能结果的概率

	非常成功	普通水准	失败	合计
外销代工	10%	60%	30%	100%
自创品牌	40%	50%	10%	100%

（6）就发生概率与结果报偿加权评分：将 A、B 两种方案实现三种不同结果的报酬值乘上发生概率，得出各方案的投资报酬率期望值。

表 2-5　列出方案之加权评分

	非常成功	普通水准	失败	期望值
外销代工	30%×10%	20%×60%	-40%×30%	3%
自创品牌	25%×40%	15%×50%	-18%×10%	15.7%

结论：选择"自创品牌"方案，因为它的投资报酬率期望值（15.7%）最高。

四、确定情境

当情势明朗，信息充分，问题很清楚，每一方案的成本、功能非常明确，决策者确知"手段—结果"关系，每一解决方案会产生的结果都是确定的，决策者不必重新定义问题，可以直接进入决策的"解决过程"，针对各种方案进行评估、选择。在确定情境下的决策分析包括三个步骤：

Identifying alternatives　　　　（1）确定方案及其功能效益。

Identifing criteria　　　　　　（2）确定评估准则。

Rate each alternative on
each criteria　　　　　　　　（3）就方案合乎准则的程度加权评分。

管理者的决策风格

在不同情境下对不同问题提出解决对策，决策者难免会有个人独特的解题或决策方法，这就是"决策风格"。决策者的个人因素在决策过程中扮演很重要的角色，他如何看待情境、是否愿意收集更多信息、是否愿意重新定义问题、是否愿意尝试新的解题方案等，常影响决策情境的品质，尤其面临困境的企业，决策是一群人一起研究拟定，如何协调不同人的决策风格，反而是组织做决策最困难的部分。

 管理小辞典
确定情境下的决策分析

某家银行想选购自动提款机联机系统，有三种厂牌供挑选，假设各厂牌的系统特性都是"确定"，银行应选择哪一款呢？

第一步详列方案及其功能效益，三种厂牌的功能效益如表 2-6 所示，合计有 13 项功能效益。

第二步列出评估准则，有三项必要准则：①至少可以联机 100 台。②厂商信用评等为 A。③能在三个月后交货；其中"最多联机台数"与其余的 10 项厂牌性能，合计有 11 项想要准则，将以分数进行评分，分数越高者越是想要的厂牌。

第三步就方案合乎准则的程度加权评分，进行方式为：

（1）就必要准则进行筛选：三种厂牌特性符合必要准则者标示 OK，不符合者标示 NO，若有厂牌性能不符合必要准则者，该厂牌即遭受淘汰，本例中 C 厂牌因不符合两项必要准则，予以淘汰。

（2）就想要准则进行筛选：首先按 11 项"想要准则"之重要性给予权数，分数越高，重要性越大，权数总分为 100。其次比较两家厂牌之性能，按想要的程度给分（1 到 10），分数越高代表越符合想要准则。

（3）分数加总：两家厂牌在各项想要准则的分数乘以该准则权数，然后分数加总，就是该厂牌的选择分数。

（4）选择：A 厂牌得 607 分，比 B 厂牌的 458 分高，故应该选择 A 厂牌。

表 2-6 自动提款机联机系统采购评估

	A 厂	B 厂	C 厂
产品特性	可连接 200 台	可连接 100 台	可连接 80 台
	具有 30 项提款功能	具有 15 项提款功能	具有 12 项提款功能
	集中式处理	分散式处理	集中式处理
	30 名客户同时操作	30 名客户同时操作	30 名客户同时操作
	6 秒速度	2 秒速度	1.5 秒速度
	处理笔数 10 万	处理笔数 10 万	处理笔数 10 万
	品牌形象极佳	品牌形象佳	品牌形象普通
	产品造型普通	产品造型佳	产品造型极佳
厂商背景	2 年历史	4 年历史	1 年历史
	市场占有率 30%	市场占有率 12%	市场占有率 15%
	信用评等 A	信用评等 A	信用评等 B
	50 位维护工程师	30 位维护工程师	20 位维护工程师
	官方关系良好	官方关系良好	官方关系良好
交易条件	主机 500 万元，ATM 一台	主机 300 万元，ATM 一台	主机 600 万元，ATM 一台
	50 万元	20 万元	12 万元
	保修一年	保修一年	保修一年
	订约 3 个月后交货	订约 1 个月后交货	订约 2 个月后交货

表 2-7 必要准则的评选

	A 厂	B 厂	C 厂
至少可以连接 100 台	OK	OK	NO
厂商信用评等为 A	OK	OK	NO
三个月内交货	OK	OK	OK

表 2-8 想要准则的评选

	权数	A 厂		B 厂	
最多之连接台数	7	8	56	5	35
最多之提款功能数	10	10	100	6	60
集中式处理	5	10	50	0	0
处理速度最快	10	5	50	9	90
品牌形象佳	8	9	72	7	56
ATM 造型佳	6	5	30	7	42
代理商历史最悠久	2	6	12	10	20
市场占有率最大	4	8	32	5	20
维护能力最佳	10	9	90	6	60

续表

	权数	A厂		B厂	
价格最便宜	10	9	90	6	60
保修期最久	5	5	25	5	25
合计	100		557		468

以下先讨论"不完全理性决策",其次讨论影响决策者对情境认知的"决策风格",最后解说"集体决策"。

一、不完全理性决策

理论上,任何问题都能定义与解决;当问题混淆或不明确,管理者能够收集信息,将问题明确化,探求问题的真正原因,而一旦能找到问题的原因,就利用合理、理性的方法加以解决,这种决策做法,称之**理性决策**。

Rational decision

实际上,决策者并没有足够时间收集信息,找出问题发生原因,即使能找到问题的原因,也不易找到合适的对策加以解决。在这种情况下,管理者仍然要做决策,甚至做出"不会解决问题"的决策,这类决策称之为"不完全理性决策"。它有两种决策模式。

Bounded rationality
(Simon,1957)

1. 有限理性模式⑨

● 将问题化繁为简,直到己力能处理为止,即使问题并没有完全解决。

● 设定满意水准的准则或目标,不求最佳解题方案。

● 寻找"行得通"的解决方案,而不是最佳方案。

● 只考虑少数几个选择方案,不收集全部可行方案。

● 用主观判断选择所偏好的方案。

Logic increamentalism
(Quinn,1980)

2. 逻辑渐进模式⑩

● 决策都是一小步、一小步做成的。

● 将解决对策拆解为几个阶段,个别逐步解决。

● 某一阶段的问题解决了,再解决下一阶段。

● 后一阶段的解决方案会受前一阶段的方案影响。

● 如果某一阶段的问题没有解决,改弦易张。

二、决策风格

管理决策是人做的,人的知觉意愿会影响决策的选择。管理者如何看待决策情境，是否愿意改变情境的不确定因素，与他做决策的风格有很密切的关系。即使管理者面对最"确定"的情境：问题、方案、结果都很明确，但不同的人会做不同的选择，因为"选择"本身就是很复杂的**心智过程**，各种主客观因素会干扰或促成决策者 的选择。

Mental process

以决策信息为例，媒体传输的"信息"是客观存在的，但人们如何吸收与解读信息，却有主观的差异。一般人只能"知觉"所接触的一部分信息，多数信息并不会被知觉；而对于所知觉的信息，不同的人会有不同的经验解读，这就是决策风格。换言之，决策者脑中所存放的信息量与信息在脑中的处理方式，两者会影响做决策的方式，形成决策风格。所以，决策风格是从决策者的思考方式与对情境的认知和了解，所形成的个人做决策的方式，它因决策者的"左右脑"和"认知复杂程度"之差异而形成四种**决策风格**[①]：

Owe & Boulgarides
(1992)
Decision style

(1) **引导型**：左脑—低认知复杂度。
(2) **分析型**：左脑—高认知复杂度。
(3) **观念型**：右脑—高认知复杂度。
(4) **行为型**：右脑—低认知复杂度。

Directive
Analytical
RConceptual
Behavioral

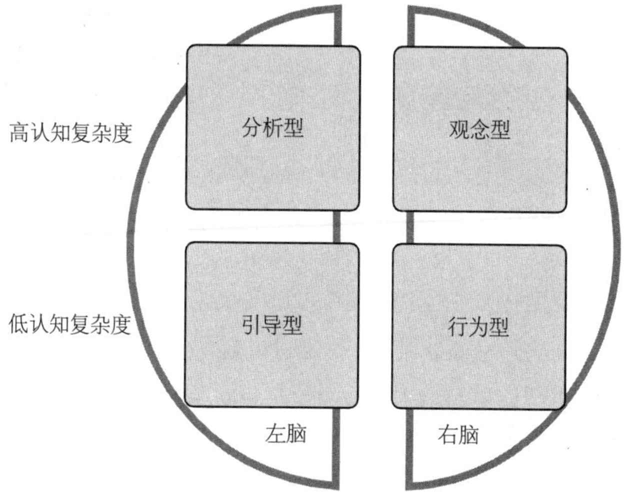

图 2-8 决策风格

左右脑表示决策者使用知觉感官来接收信息的偏好差别。有的人喜欢语言性信息（**左脑**），有的人喜欢视觉性信息（**右脑**）；有的人习惯用感官直接接收外在信息（左脑），有的人习惯用记忆、想

Left brain
Right brain

象、反射等内在感受方式产生信息（右脑）；有的人习惯以连续片段来吸收信息、理解事物（左脑），有的习惯整合断续、零散的信息而感受整体全貌（右脑）。一般而言，偏好左脑的决策者较为务实，擅于**逻辑思考**，喜欢事实与观察；偏好右脑的决策者重视想象，凭**直觉感受**，喜欢观念与解说。

Logic thought

Intuitive synthesis

图 2-9　左右脑的决策差别

图 2-10　认知复杂度

Cognitive complexity

　　认知复杂度代表决策者对信息的接收与负载的能力高低。高认知复杂度代表决策者能吸收很多信息，能认知到这些信息的复杂意义，能同时处理这些复杂事务；低认知复杂度代表决策者的心智无法负载复杂的信息，只能吸收有限信息，无法认知到信息的复杂意义，对信息只能做简单、有限的处理。

　　兹将四种决策风格说明如下：

　　（1）**引导型**：无法处理复杂信息，擅长处理技术决策，控制性

Acts rapidly

强，做决策使用较少信息，替代方案较少，所以**决策速度快**，也不尽求完美解决对策。无法忍受混淆情境，较喜欢语言性的信息，事

情的重心焦点放在组织内部，**重视短期成果**，专精于严格控制，做事讲究效率，重视自身的安全与地位。

（2）**分析型**：较能处理复杂信息，能应付更多信息，考虑更多替代方案，能**忍受混淆情境**，有能力应付外界新情境，喜欢解决问题，能在确定情境下找到最佳对策，做决策速度不快，**喜欢多样**，喜欢挑战，偏好文字报告，能深入分析细节。

（3）**观念型**：较能处理复杂信息，喜欢从各方收集信息，考虑很多替代方案，喜欢信任与公开的人际关系，愿与下属分享目标价值，热衷追求**理想**，重视伦理与价值，富于创意，很容易了解复杂关系，能忍受混淆情境，重视长期，愿意对组织做出强烈**应许**，以成就为导向，采取宽松控制，鼓励参与，喜欢思考，较不喜欢行动。

（4）**行为型**：无法处理复杂信息，高度关怀组织与人的发展，关心下属福利，愿意支持下属，喜欢提供咨询、建议，很容易沟通、热忱、**富同情心**，很容易妥协，采取宽松控制。不能忍受混淆，参考较少信息而做决策，重视短期，喜欢开会，人际导向，避免冲突，寻求被认可，追求安全感。

三、集体决策

许多决策常不是某个人单独决定的，而是通过集体的参与、共同完成的。集体决策的单位或团队不仅是一群人的结合，因为每个单位或团队都有它们特定的任务，每位成员都会受所属的单位或团队的影响。

个人自己做决策与在团体内部做集体决策，有很大的差异，有些人自己单独做决策，非常积极主动，但在团体里面做决策却是非常被动，不愿意主动介入。这是因为集体决策是许多人彼此的意见影响，不单纯只是做决策。以下从集体决策不同于个人决策的差别，整理出以下集体决策的特质。

1. 相互影响

集体决策是一个互动程序下的决策，参与者在正式或非正式场合，表达个人的意见，并通过融合各方意见来完成集体决策。所以，决策目的不是只在做一个决策，它包括感情的交流、信息的交换、想法的刺激，彼此学习互相尊重，认同共同目标。

在彼此互动过程，团队会形成规范，这**团体规范**会成为限制成

右侧栏注释：

Expects results

Tolerance for ambiguity

Enjoys variety

Ideal

Commitment

Empathetic

Group norms

员行为的准则，成为大家必须遵守的规定。而这规范可能形成一种默契，有助于激发个人更好的构想，但也可能会压抑个人意见，以附和集体的行为，形成**社会跟随**，以致个人的创意、想法会遭受压抑，甚至让若干人利用集体决策来做政治角力的竞赛⑫。

Social conformity

Janis（1982）

2. 民主作用

许多集体决策的重点只在通过民主程序来行使决策的正当性，决策目的未必期望借集体力量做出"更佳"决策，只是希望借助集体力量做出"民主"决策，它通过参与，提高大家的向心力，以花费更长时间来讨论，形成共识，而共识是集体决策最终的目的。

Dominance

3. 主导权

一个团体参与集体决策，每个人所拥有的资源、在团队中所享有的权利并不一样，所以集体的决策经常会受到少数据有权力的人操控，他们会根据自己的利益来影响其他的团队成员，而做出对他自己有利的决策。

在集体做决策中，许多成员未必能完全掌握到真实情况，他们很容易受到少数人以集体决策名义的影响，而让这些少数人做出个人想要做的决策，造成集体决策受到少数人主导的缺憾。

Consensus

4. 共识

集体决策的目的是期望更多人参与，以收集信息，带入更多构想，提高决策品质，减少决策风险，以提高决策的效能。多人的参与需要花较长的时间来讨论、沟通，这需要改变不同人的看法，谋求共识。形成共识的过程相当冗长，它需要相互的包容，一旦形成共识，参与者会产生高度承诺，决策更能有效形成。

 辩证

决策是最基本的管理工作，理论上我们要求运用理性方法来做决策，以避免人为直觉所造成的偏误，但实践起来有很多困难，以下针对做决策的规范与实际行为、理性分析的谬误、决策风格的应用、三种决策模式、集体决策的谬误，做深入的辩证。

做决策的规范与实际行为

有关决策分析的研究大致可以分为两种模式：**规范模式**和**描述模式**。

本章所介绍的解题模型就是决策的规范模式，它要求决策者事先确定决策目标、所需的准则条件，同时找出可能的解决对策，以供选择参考。当面对选择时，经理人必须考虑每一种可能的选择，及其所衍生出来的效应。如果效应结果未知，就需要收集资料找出可能结果，以可能发生的概率计算结果比重，而获得最高效用期望值的选择就是决策的最佳选择。

事实上的决策未必按照规范性理论所建议的模式，一个人面对决策时的反应以及行为，大半不会遵循规范模式。当面对不确定因素的决策时刻，决策者若不是完全不将概率列入决策的考虑，要不然就是故意曲解类似的信息。举例来说，很多人认为"像这样的事情绝不可能发生"，就是故意忽略某些事件，其实他们心里很清楚，这些事件还是有发生的可能。

至于可行方案的选择也视决策者的喜好而定，尤其决策的形成涉及的不止一个团体时，决策模式会相对变得更为复杂，它不仅受每一位参与决策的个人所影响，也受每个个体相互关系的影响。

既然决策是经理人每天必须面对的工作，只要能将个人的决策方式以及决策能力加以改进，就可能成为一位更有效率的经理人。经理人要特别警觉：即使自己知道如何做出较正确的决策，并不表示每次都能做出正确决策。我们必须对整个决策流程有更深入的认识，才能避免一些决策陷阱，才能为自己，或者为自己的组织，做出更好、更正确的决策。

Normative model
Descriptive model

理性分析的谬误

理性方法是将所有影响决策的各项要素予以计量化，清楚定义问题，列举所有应考虑的方案以及所有可能产生的结果，予以评估，找出最高价值的对策。

事实上，将许多企业的目标价值数量化，本身就是对目标价值的贬损，因为目标价值数量化的结果，价值将只剩下收入、成本与利润等财务数值，品质、顾客满意等价值目标将不复存在。而且要求量的准确，必须将分析范围缩小到少数能掌控的要素，却避开多数重要的要素，结论必然是保守主义：节流第一，开源第二。

"理性"可能受个人主观偏颇的影响，为了合乎理性，决策者必须降低问题的复杂度，使决策所需的知识尽量在他个人可处理知识的范围内，再根据这一理性分析提出结论。此过程正是反理性的，决策者可能拿理性外表来装扮个人主观偏好的方案。

Isenberg（1984）

有些实务型学者指出经理人的思考，很少是一般人想象的"理性"[13]，他们做决策并没有优先考虑要实现什么目标，只是不停地想要怎么做，再从已经完成的结果，不断整合，再采取行动。换言之，管理者的决策风格非常依赖右脑的直觉，与依赖左脑分析的理性说法，形成对立。

决策风格的应用

决策风格虽然分为四种：指导型、分析型、观念型、行为型。但每位决策者做决策时，常是这四种决策风格的组合搭配，每种风格被搭配使用的程度可能是：必然使用（8 分）、经常使用（4 分）、偶尔使用（2 分）、很少用（1 分）。决策风格问卷总共有 20 个问题，每题配分为 15 分，合计 300 分，用以测量受测者的决策风格[14]。

针对两性别经理人所做的调查，男女性别经理人在指导型、分析型决策风格的分数相近，男性经理人在"观念型"决策风格的分数高于女性经理人，但在"行为型"决策风格的分数却低于女性经

表 2-9　经理人决策风格的性别差异

	女性经理人 N = 93	男性经理人 N = 194
指导型	74	74
分析型	88	89
观念型	74	83
行为型	64	54
	300	300

理人。

　　学者认为最好的管理决策风格是经常使用"指导型"，偶尔使用"行为型"。但是，高层主管最好能经常使用"观念型"风格。

　　在不同的解题过程阶段与不同的决策情境，需要不同的决策风格。在问题的定义过程中，如果情境处于混淆情境或不确定，需要"观念型"风格的经理人从复杂、混淆情境，洞察组织的目标方向。如果情境处于风险或确定，需要"指导型"风格的管理者，将努力的焦点放在目标，加以实践做出绩效。

三种决策模式：先想、先见与先做[15]

Thinking first

Seeing first

Doing first

　　明茨伯格称理性解题过程的决策模式为"先想决策模式"，它只是三种决策模式的一种，其他两种是：先见与先做。

　　先想决策模式是首先定义问题、诊断原因，然后设计几个可能的解决办法，最后选出一个最好的方案。接着，当然就是把方案付诸执行。

　　但是，决策不仅被"想到什么"所驱使，也被"看到什么"所主导。明茨伯格以莫扎特创作交响曲为例，"在心中，一眼就看见整首作品的样貌"，于是莫扎特将他"看到的"（领悟）表现出来。这是很多具创意决策的方法：从"先见"出发，它历经四个阶段：预备、酝酿、启蒙、证实。

　　有些决策既不是先见，也不是先想，而是先做——放手去做。这是务实派的决策模式：顺势而为，深信只要先"做点什么"，就会有想法随之而至。这也是"做中学"，用尝试来学习：多做、多方尝试，然后看哪种做法行得通，就做出决策，它包含三个基本步骤：执行、选择、保留。

　　明茨伯格认为先想、先见与先做都是经理人必备的决策能力，经理人必须合并使用这三种能力，才可以提高决策品质。

集体决策的谬误

组织中每一个决策都可能是一连串的妥协、谈判与游说的过程。想要依照决策过程做理性分析，而制订出正式化决策，有时相当困难，而这过程常受组织行为的影响。集体决策过程必须改进沟通，促使重要问题能被认知、了解，才能妥善处理。即使最后通过会议讨论，做成决议，主管仍需要对集体决策负责，包括一切执行与成果。

组织最常利用会议来制订集体决策，但许多精明能干的人参与开会，研讨重大决策，往往做出错误决策。原因是：

（1）发言时，彼此太过于自我节制，避免表示太多与他人意见相左的言论。

（2）决策太重要，所以不敢随便和外界沟通讨论，怕走漏风声。

（3）唱反调者必须承担决策急迫却未获得解决的后果。

（4）支持领导者的决定，以表明对领导者的拥戴，而非真正赞同议案。

此外，利用会议做决策，常有下列弊端：

（1）会而不议，议而不决，决而不做，做而不成。

（2）形式的集体决策，实际上还是某些人"独裁"的意见。

（3）流于权力斗争。

（4）各说各话，没有交集，最后还是各行其道。

 实例验证

（1）假设苏木卿先生在大陆经营事业，一直以制造业经营的思维做出各种管理决策，他看到的环境机会与管理问题是什么？

（2）请说明苏木卿先生在 1997 年，面对大陆陌生的内销市场，他如何从混淆、不确定情境转化为风险情境？他收集哪些信息？找出哪些方案对策？

（3）请尝试以解题过程的六个步骤来为 2004 年底"石头记"公司以 1500 万人民币标下中央电视台黄金时段广告之决策做分析。

（4）请尝试以逻辑渐进式决策模式来解说苏木卿董事长投资兴建"石头记矿物园"的历程。

（5）请从苏木卿投资"石头记矿物园"的决策，解说他的决策风格。

第三章　企　划

学习目标 **研读本章之后，您将能够：**

1. 了解企划功能与程序

2. 认识各种目标的观念以及目标与手段的关系

3. 认识策略规划的做法与策略的意义

4. 认识目标管理的原理与过程

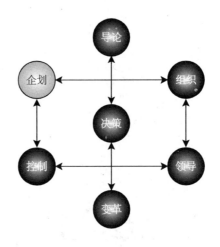

个案：新兴电器集团（马来西亚）

理论

企划的功能与程序

目标与手段

    一、目的与目标

    二、目标的多元性

    三、目标的阶层性

    四、目标与手段链

    五、方案手段（计划）

策略规划

    一、策略的意义

    二、策略规划程序

    三、策略模式选择

作业企划

    一、作业企划重点

    二、目标管理

    三、目标管理的实例

辩证

没有企划，能做事吗?

策略规划的谬误

不确定性的策略管理

目标管理的困难

实例验证

个案
新兴电器集团（马来西亚）

1989 年 9 月，林金兴在吉隆坡创立"新兴电器"，它只有半间店面的规模，销售货品总值大约马币 3 万元（30 万元台币）。经过 20 多年的努力与发展，新兴电器集团一直保持马来西亚最大 3C 连锁卖场的地位，集团有三大通路品牌：Senheng ®（小型家电连锁，全马有 100 家），senQ ®（大型家电 3C 连锁，全马有 28 家）、Home Mart Plus（HM＋家电折价连锁店，全马有 3 家），2012 年全年营业收入超过 100 亿元台币，员工人数约 1700 人。

林金兴将他的创业成就归功于"不停地改变"。他说："还好我一直在改变，否则新兴电器到目前大概还是半间店面……如果当初没有为公司全盘作业进行改革和企划，新兴电器的业务就只能在半间店面打转，不可能朝全国性连锁店发展。"

马来西亚的商店经营形态非常传统，电器商大都向国际家电大厂进货，然后在商店挂上国际家电名牌招牌，吸引顾客注意力，商品被动地在店内陈列，等待客户上门购买。有强烈学习意图的林金兴，受惠于中国台湾连锁顾问专家的指导，开始接触现代化零售管理，他常带干部到中国台湾，向全国电子或灿坤等中国台湾家电连锁商"取经"。他学习导入通路商品牌，培训员工，采取会员制顾客管理，培养顾客忠诚，建立统一标价与绝不二价的销售制度，逐步在吉隆坡的商业区展店，然后拓展到全国。

新兴电器非常扎实地移植中国台湾的零售与连锁管理制度，秉承"共创一个幸福、温馨的家庭"信念，坚持以顾客为导向，让顾客享受新兴电器特别提供的顾客十大利益，服务使顾客买到有品质保证的电器产品，同时享受亲切的待遇与服务。

新兴电器的管理从理念到行动，每一步骤都彻底落实，不论在展店或业绩上，都已经产生具体的成效。1999 年新兴电器创下 1.8 亿马币的营业额。这一辉煌业绩鼓舞林金兴开始思考新兴电器更长远的未来，他自许成为全国管理最完善的连锁服务业，开始勾画公司未来 10 年愿景，拟订 10 年后要冲刺 200 家店的目标。

在这 10 年目标下，经营干部逐年制订年度计划来实践这一长期目标。每一年度由高层主管组成的策略小组会订出公司该年要实现的经营目标，由企划部门统筹各分店的经营状况制

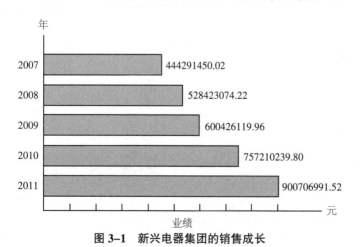

图3-1　新兴电器集团的销售成长

订出全公司的年度计划与年度目标，然后企划部门依照这一年度计划订出每月、每季应达成的目标，逐月、逐季检讨、追踪。

新兴电器的年度企划制度每年不断执行与改进，已经形成一套非常周详且严谨的系统。每年公司会根据当年的政经环境、市场动向、顾客需求，集合所有干部一起制订详尽的年度计划，计划也包括实现年度目标必须遵守的经营准则。

2009 年重新检视新兴电器集团执行 10 年长期计划的成效，集团规模与 10 年前相较大不一样，虽然开店数仅达到原先目标的一半（100 家上下），但开店面积却大幅增加，主要是经营阶层不再追求开店数的增加，改为扩张每店营业面积。特别是 Senheng® 家电连锁店，采取"城市小店、乡镇大店"展店策略，有些新开店面积甚至达两千坪，超越 senQ® 大型家电 3C 连锁卖场的面积。

2009 年以后的年度计划更着重于经营品质的提升，集团找出促进业绩成长的驱动力，分别订定相关经营准则或目标，明确指派主管负责执行。零售连锁的主要成长驱动力来自门市，而门市的成长需要门市以外其他功能业务的配合。所以集团订出门市内与门市外两类成长驱动力，它们各有四个驱动力，门市内的四大驱动力包括：商品力、门市力、服务力与"气"；门市外的四大驱动力包括：市场区隔力、教导力、事件与行销力、策略单位组织力。

2009 年订定的八股驱动力计划为公司带来巨大成效，缔造集团成立以来最高的业绩成长率（40%）。所以，2010 年的年度经营计划除了保留原有八股驱动力外，再加入"人力资本力"第九股驱动力，因为随着公司规模不断扩大，必须要有足够人才，才能应付八股驱动力，来维持展店速度，增近成长。

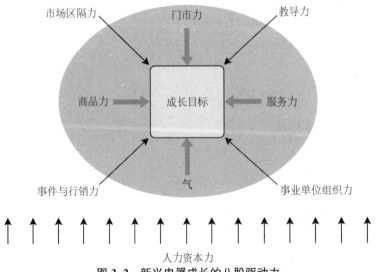

图 3-2 新兴电器成长的八股驱动力

在九股驱动力的运作下，集团各部门的作业需要不断提升，为此，2011 年订出八项升级（Uplift）计划，内容包括：营业范围、组织架构、人力资本、生产力与效率、会员服务、品牌、会议、明星商品等八项业务内容。2012 年继续推出升级 2.0（Uplift 2.0）计划，内容稍做修正：保留前四项内容（营业范围、组织架构、人力资本、生产力与效率），拿掉"会员服务"，后四项修正为：品牌、沟通、明星商品、多角化事业。其中，"多角化事业"进入新兴电器集团的计划内容，展现公司另一项新业务扩展的企图。

表 3-1 "营业范围"升级 2.0 计划（2012 年）

	Senheng 电器行	senQ	HM+	电子商务
门市面积扩张目标	扩张门市面积，朝大新兴门市（Greater Senheng）发展，卖场面积至少为 6000 平方尺，各区域至少要新增 3 家。	扩张门市面积，全国至少有三家升级至超顶级卖场（Super Premium senQ）之规模。	每家卖场继续扩张面积，扩张方式可以是 3 间楼上及楼下或是三角窗 5 间楼上楼下，以达成至少 6000 平方尺面积。	推展 B2C 电子商务
门市商品目标	寻求专属商品型号（Exclusive Model）销售：锁定排名前 20 名之热门商品，以占该商品类别 50% 以上之业绩为目标。			

 理论

林金兴在 1999 年订出 10 年要在马来西亚开设 200 家店的目标，10 年后（2009 年）新兴电器只实现开店数的一半，但是，平均每一门市店的面积都比 10 年前增加一倍，集团不盲目追求开店数目的增长，转而追求门市开店品质的提升，同时开创新的开店业态，新兴电器集团在马来西亚 3C 连锁零售业已经占有不可摇撼的优势地位。

企划[①] 是管理最神奇，且最重要的功能。缺乏良好的企划，企业很难成功；做好企划，但没有找到正确的努力方向（定位），企业也不易成功。新兴电器集团以半间店面的规模跨入零售业，20 年间创造令人意想不到的成就，尤其在 1999 年导入长期目标规划，这正是企划功能最大限度的发挥。本章首先解说企划的功能与程序，其次，讨论企划的两项"产出"：目标与手段，接下来讨论策略规划，最后讨论作业企划。

企划的功能与程序

企划是为组织设定目标，并找出实现目标的手段（方法）之过

Planning

Planning bridges the gap from where we are to where we want to go

程。事先决定要做什么、怎么做、何时做、由谁来做，就是企划内容；它定义组织的工作，使企业的目标理想实现。企划决定企业未来要做的工作，它的工作像现在搭一座通往未来的**桥**一样②，必须先清楚描绘未来远景，再决定（现在）要搭建什么桥通往未来。至于桥如何搭建、如何指导完成，则是组织、领导、控制要做的事。如果没有未来远景，等于缺乏搭桥的蓝图，工程师将无从工作。

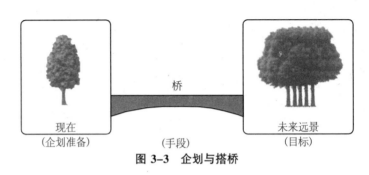

桥

现在
（企划准备）
（手段）
未来远景
（目标）

图 3-3　企划与搭桥

Primacy of planning

　　所以，企划是管理四大功能中应**最先启动**的功能，它是管理者执行其他功能（组织、领导、控制）的基础。换言之，企划完成后，管理者就能据以执行其他的管理功能③。企划同时在为组织设计所要完成的**目标**，以及要完成这目标所需的**手段**：

Ends

Means

Ends-setting

Means-developing

　　● **制定目标**：寻找与描绘未来远景。

　　● **构建手段**：设计实现目标的方法。

　　企划是管理工作很重要的一环，当组织有具体的目标与实现手段，组织成员在这些目标与手段的指引下，会产生一连串行动；这些行动因有方向、有步骤、能整合，而使资源投入有**效向**或**效率**的产出成果。所以，企划对组织而言，具有以下五项功能：

Senario of future

Waste elimination

Guides to action

Commitment and motivation

Standard of performance

　　（1）预测或预想未来，减少不确定性。

　　（2）减少重复与浪费。

　　（3）指引方向，整合组织力量。

　　（4）利用愿景，激励士气。

　　（5）建立有助于控制的标准或目标。

　　上述五项功能说明企划能提高管理的**效向**（第一项）与**效率**（第二项），促进**组织**的效能（第三项），有助于**领导**（第四项），利于**控制**（第五项）。

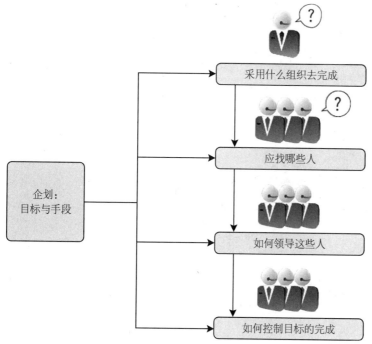

图 3-4　企划与其他管理功能

在"制定目标、构建手段"的过程中④，企划可以区分为情况分析、目标订定、方案研拟、方案执行、检讨控制等五个步骤，兹分述如下：

（1）**情况分析**：了解组织面临的内部与外部环境，找出外部环境存在的机会与威胁，分析内部组织的强项与弱点。 Analyzing situations

（2）**目标制订**：根据环境的机会或威胁、内部的强项与弱点，订定组织要实现的目标。 Setting ends

（3）**方案研拟**：构思能实现目标的这种手段，找出最佳行动方案。 Formulating alternatives

（4）**方案执行**：实践行动方案，产生所要的结果。 Implementing a plan

（5）**检讨控制**：检讨执行的结果，并采取必要的措施，改正结果。 Controlling results

通过上述步骤，企划会产生很多相关文件（计划）。企划可以分为两种，个别强调企划不同的重点与范围，两者所需用到的技术、方法也不同⑤：

● **策略规划**：制订组织整体目标，以及实践的策略计划。 Strategic planning

● **作业企划**：制订个别单位甚至个人的目标，以及实践的作业计划。 Operational planning

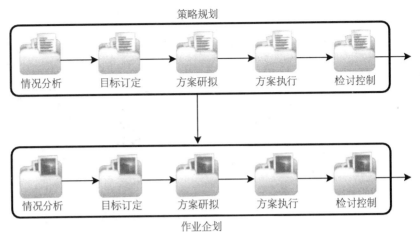

图 3-5 策略规划与作业企划

目标与手段

在**制定目标**、**构建手段**的企划过程，会同时决定**目标**与**手段**，两者关系非常密切，仔细分辨两者的关系有助于了解企划的功能，以下分别说明：①目的与目标。②目标的多元性。③目标的阶层性。④目标与手段链。⑤方案手段（计划）。

一、目的与目标

Goal and objectives

所有管理工作都强调"目标"⑥的实现，管理是以目标为核心的工作，如第一章对"管理工作"所下的定义："找出并确认组织目标，并且以最少资源，转换为产出（效率），并使产出符合组织要实现的价值目标（效向）。"⑦

目标有许多种类，各有不同属性。上述叙述提到的"目标"是总称概念，"目标"又可分为目的与目标，两者意义不同（如图 3-6 所示），在管理工作的功能也不同，加以区分才能深入了解管理真意。例如第一章提到"很多组织目标常不明确，管理者必须加以定义与理清，使组织的产出具体、明确，才能实现任务：创造价值。"⑧如果管理者能够清楚地定义与理清组织目标，等同决定一项最重要的管理工作：定义组织应该创造的价值。

当我们提到"组织目标常不明确"，这一不明确的"目标"有两种：

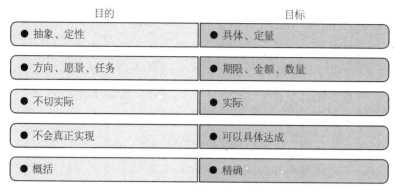

图 3-6 目的与目标不同

（1）组织应该创造**什么**价值的观念不明确。

（2）组织应该创造**多少**价值的观念不明确。

前者乃是组织的任务、方向、愿景等不明确，表示组织的产出能提供给顾客的价值不明确，称之**目的**不明确。如果目的很明确，但要创造多少价值的观念不明确，称之**目标**不明确，图 3-7 做了对照，若能将目标价值数量化（如图右边所示），才算明确化，如此才能精确评估组织的价值贡献。

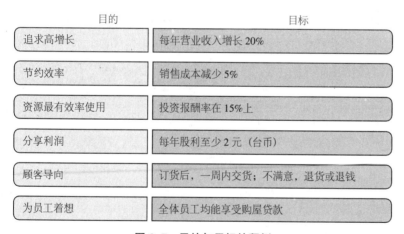

图 3-7 目的与目标的释例

管理小辞典
各种不同"目标"

"目标"有各种不同种类，例如任务、方向、价值、愿景、标的、目的地、结果等都是"目标"，但是它们的意义并不相同。狭义的目标指有具体标的、时间、结果或终点，它没有模糊不清的概念，不需再做诠释，最后能被客观检视。广义的"目标"还包括一些概念性成果，它们无法数量化，成果不明确，它们称之"目的"，以下都是目的，各有不同意义：

任务是组织应该完成它对外在环境所托付的责任，它建立在组织与外在环境的关系上。外在环境要求组织满足顾客要求、赚取利润、服务社会，这些都是组织要完成的任务。

价值是组织制造能满足特定对象需要的东西，它代表组织存在的功能，也是组织存在的目的。

愿景是经营者构思与描述组织未来发展的景象，它具有想象、期望的意味，能用以设定组织明确目的，驱动实践的策略做法。

在新兴电器的个案中，公司要创造"更美好的生活"的价值，这一目的在概念上好像很清楚，但在实践的目标上不明确，需要管理者进一步将它定义与理清，定义出每一件产品带给顾客具体的价值，例如"品质保证"与"亲切待遇与服务"、"提供顾客十大利益"，这些价值若能清楚衡量且明确让顾客感受，就称之目标。

所以，企划的第一步是寻找目的，然后将目的具体化，使之成为目标[9]。而完成目标的结果后，又要不断用目的检视它没有偏离组织要创造的价值[10]。目的与目标间存在很重要的关系，明确的目的是建立目标的基础，而目标的实践成果需要再从目的去反思。

目的与目标两者也存在吊诡关系，组织必须创造能带给顾客"最大化"的价值满足作为追求的目的，但是，顾客永远不会满足于组织创造出的成果。这表示目的是一种无穷无尽的"目标"，它永远不会真正实现；如果它可以真正实践实现，它就叫作目标，而不再是目的。

Practical vs. impractical

目的看似很**不切实际**（例如新兴电器的"创造更美好的生活"），但它是组织对未来的理想、方向、愿景；它不如目标具体、实际（例如"提供顾客十大利益"），却能给予管理人员发挥想象的空间，能对组织应该创造的价值做较更丰富的诠释，进而丰富组织的价值内容。由于目的太"不切实际"了，需要目标，使之具体，并落实到工作要完成的内容中。

目标是目的的具体化，目的可以概括，目标必须准确；目的虽不切实际且永远不会真正实现，其实现只能用部分目标来衡量，其

余要靠顾客的价值判断来表示。目标必须实践，且接近目的要求的
理想。目标必须特定，必须设定某些标的或时间，它必须具体衡
量，使实现结果可以追查或检讨。由于目标必须具体，许多组织应
该完成的抽象使命不易在目标中表现，管理者只想完成具体的目
标，忽略实现目标背后还有更重要的抽象价值，而犯了**目标近视症**[①]。

Myopia of objectives

所以，目标需要目的的反思与指引，以免在实践具体的目标过程中，
忽略组织应该完成的不具体的价值目的。

二、目标的多元性

Diversity of ends

组织是人创建的，它必须依附人群需求而存在，这些人包括顾
客、员工、供货商、社区人士等，我们称之**利害关系人**，他们对组

Stakeholder

织都是有特定**期许**，构成组织要为这些人达成的目的，这些目的也

Expectation

正是利害关系人希望组织所要实现的**未来状态**。

Future State

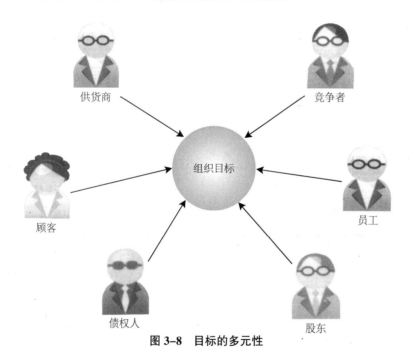

图 3-8　目标的多元性

组织必须应付外部环境与内部组织人员的各项需求（期许），但
各种利害关系人的需求并不相同，有些需求甚至彼此冲突，但都是
组织要去满足的"目标"，因而形成组织目标的**多元性**。例如，组织

Diversity

除了要生存满足组织最基本的目的外，还要赚钱满足股东要求、要
生产价廉物美的产品或服务满足顾客要求、要敦亲睦邻满足服务社

区要求、要提高职员薪水福利满足内部员工的要求。

组织必须应付各种不同利害关系人的需求，并根据这一需求建立各种目标，而这些目标彼此有矛盾、冲突，必须通过企划，进行目标间的取舍、协调、安排，最后决定一个最适目标[12]。

三、目标的阶层性

Hierarchy of ends

由于组织需要各种不同层级的抽象（或具体）目标，加上组织要应付各种不同利害关系人的需求，造成每个组织都有很复杂且多元的目标。将这些复杂目标按组织阶层排列，构建出明确、清楚的目标阶层，是企划很重要的工作之一。如此，组织各阶层人员才能各自关注本身应该关注的目标，使目标之间形成体系，构成组织的系统化管理蓝图。

Overall Objective

组织的目标阶层体系是由上往下构建的，组织上层的高阶主管设定组织**整体目标**，再依层级传达给基层人员，传达过程中，目标不断细分拆解：

Subgoal

（1）高层整体目标细分为部门**子目标**。

（2）广泛（抽象）目标细分为特定（具体）目标。

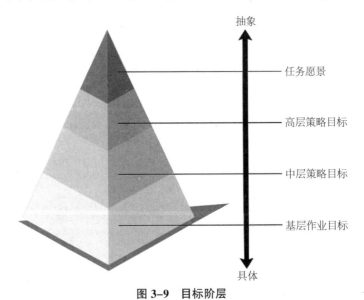

图 3-9　目标阶层

当下一层级管理人员根据上一层级主管的目标制订自己应该实现的目标，称之目标细分（或拆解）。目标细分过程中会产生各种层级、形式、范围的目标：

● 高层制订策略目标，中、基层制订战术目标。

● 高层制订组织整体目标，中、基层制订个别**功能目标**。

Functional objective

● 高层制订长期目标，中、基层制订中、短期目标。

● 高层制订对外目标，中、基层制订对内目标。

目标阶层正好对应于组织的结构阶层，形成组织阶层的目标体系⑬：

● **公司阶层目标**：由各事业单位组成的整体集团目标。

Corporate-level objective
Business-level objective

● **事业阶层目标**：个别事业单位的目标。

● **功能阶层目标**：个别事业单位下的行销、研发、人事、生产等功能别目标。

Functional-level objective

新兴电器的年度销售目标阶层体系为例，高层主管组成的策略小组制订出公司整体销售目标，这是"公司阶层目标"。这一销售目标分配给全国三个区域主管各自制订区域销售目标，区域经理辖下的事业单位再根据区域销售目标订出事业单位目标，它们都是"事业阶层目标"。而八股驱动力所订定的目标属于"功能阶层目标"，它们是整合各功能单位的努力目标共同完成"事业阶层目标"。

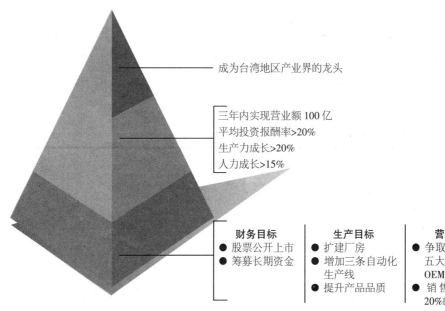

图3-10 某电脑公司的目标阶层

四、目标与手段链

Means-end chain

组织目标由上往下细分而建构成目标阶层体系时，各层级的目标是一种**"目标—手段链"**，它的意义是：低层目标必须作为完成高层目标的手段。下一层级管理人员必须了解上一层级主管的目标。或者，在确保上一层级主管的目标必须实现的前提下制订下一层级主管的目标。所以从目标阶层体系来看，除了组织最高目标外，其他阶层的目标本身就是实现上一阶层目标的手段。

企划本身就是在制定目标，而每个目标本身也是手段。所以，企划工作同时在"制定目标、构建手段"，这就是目标与手段之间形成的链条关系：目标是前提，手段是做法；目标是指引，手段是实践；没有目标，就没有手段；没有手段，目标就实践不了。

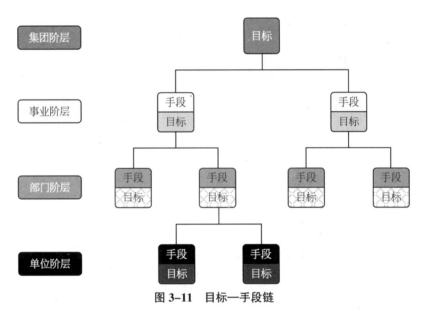

图 3-11 目标—手段链

上述链条关系说明手段必须依附于（上一层级的）目标，但目标的制订最好独立于手段，管理者不能因为自己建构了一套办法（手段），而根据这一办法去找目标，这样就是倒果为因，违反目标的阶层体系，使各层级的目标关系产生混淆⑭。例如，新兴电器的开店目标（2009 年要冲刺 200 家店）必须依附在公司更高阶层的获利目标之下，而成为获利目标的手段。如果 2009 年开设 200 家店无法实现当年的获利目标，这一手段就需要修正。新兴电器没有为开店而开店，它将开店目标逐渐调整，使之符合公司未来的获利目标，这就是"目标—手段链"：下一层级的手段来决定上一层级的目标。虽然在 2009 年只开设 106 家店，却是达到公司获利目标的店数规模（手段）。

五、方案手段（计划）

Means（Plans）

完成目标的手段（方法）称为**计划**，计划是制订要完成目标的资源分配、进程与行动的蓝图，它必须以具体的文字编制，并注明手段所要完成的具体目标，使执行者明确知道目标与手段之间的关系。

Plan

目标可以有各种不同程度的具体化，手段一定要具体。根据"目标—手段链"的关系，具体的方案手段本身也是一种目标，它是下一阶层必须努力完成的目标。

对应于目标阶层体系，方案手段也形成阶层体系，称之"计划阶层体系"。在制定目标、构建手段的企划过程，同时，展开组织各阶层所使用的各种类型的"计划阶层体系"，例如：

● 就**类型与范围**而言，有组织整体计划（称为策略计划），有单位执行的细部计划（称为作业计划）。

Strategic plan
Operational plan

● 就**时间构面**而言，有长期要完成的计划（长期计划），有短期要完成的计划（短期计划）。

Long-term plan
Short-term plan

● 就**内容详尽度**而言，有内容详尽叙述的方案计划（依据企划五个步骤订出的计划），有只对行动方案作概括性规定的**指引**（不规范详细的计划细节[15]）。

Program
Guide

● 就**反复性**而言，有每年均须定期制订或更新的**常备计划**，又有一次执行使用的**单项使用计划**（又称项目计划）。

Standing plan
Single-use plan

管理者依据企划五个步骤进行企划，企划结果会订出各种计划文件，以之作为实践企划方案的依据，这些计划文件构成组织的"计划体系"（见图 3-12）。各单位执行任务的工作计划都可以在图 3-12 的"计划体系"找到计划文件的属性。

实务上的企划工作非常注重计划文件，很多人认为良好的企划必须产生很多图文并茂的书面文件，并以计划文件的丰富度来推断企划工作的品质，造成过度注重计划文件，忽略企划应该扮演的管理功能[16]。所以，企划应该强调过程与功能，而不是只重视书面文件的结果，这是美国前总统艾森豪威尔说的："企划才是重点，

Planning is anything,
plan is nothing

计划只是一张纸。"

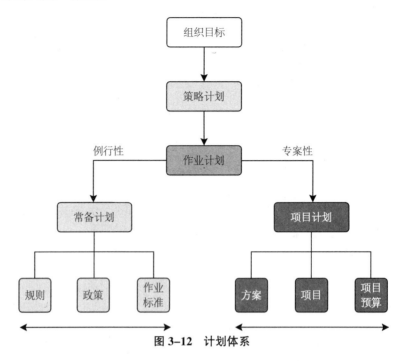

图 3-12　计划体系

管理小辞典
计划体系

　　为了执行管理功能，组织会制订很多计划，这些计划各有不同的类型、范围、长短期、内容详尽度、反复性等属性，彼此之间构成一个体系。这些计划都从组织长期目标推展出来。制定组织的目标体系，首先要制订完成组织整体、长期目标的"策略计划"，并以之指导两类"作业计划"的拟订：①反复性活动之计划：常备计划。②非反复性活动之计划：项目计划。

　　最典型的**常备计划**就是"年度计划"，年度计划除了规定计划执行的目标、进程、作业项目、经费预算外，还会制定这种作业准则，这些准则依允许工作者自由裁量的规范，可以分为：

Policy

　　（1）**政策**：指导决策的方针，它规范基本的原则，执行细节则允许工作者自由裁量。

Rule

　　（2）**规则**：特殊的声明，明示什么可以做，什么不可以做，其余则允许工作者自由裁量，它的裁量权比政策的规范少。

Standard method

　　（3）**标准作业**：明确规定工作或步骤的进行程序，不允许工作者自由裁量。

项目计划包括：

（1）**方案**：为完成特定长期目标（通常必须在三年以上完成）的单一计划，明定执行步骤、工作内容、时间以及负责人等事项。　Program

（2）**项目**：为完成特定成果的单一计划，有固定开始与完成日期，通常能在一年之内完成，方案通常可以切割为数个专案。　Project

（3）**项目预算**：每个项目会编独立的项目预算，预算可以视为以数字表示的计划，它用以控制项目计划的成本花费。　Budget

策略规划

策略规划是通过一系列精细的分析与构思，从环境中找出机会（威胁），并订定策略来掌握这些机会（威胁）。策略规划将产生"策略"，策略在确认组织建立方向、愿景，并完成组织长期、整体的目标，这些目标将指导管理人员制订短期的作业目标与计划，用以落实策略。

策略规划必须从确认广泛的**组织目的**开始，避免管理者切入太具体的行动目标，而限制企划的视野。例如新兴电器以"创造更美好的生活"为组织目的，从而指导其他下阶层目标的订定。由于组织面临各种利益关系人的期许，策略规划就在**调和**这些**多元目标**，　Harmonize
找出最适合的策略做法，将这些复杂的目标置于某种逻辑架构，使　Network of objectives
目的变成目标，使愿景变成行动，使各种行动产生某种**逻辑关联**，　A logic of relatedness
以免组织内部人员各行其道，分散资源。

以下先介绍策略的意义，其次介绍策略规划以及策略模式选择。

一、策略的意义

策略是针对环境的机会与威胁，考量组织内部的强项与弱点，为组织找到成功的经营模式，它的定义是[17]：　Andrews（1971）

策略是一种目标意向或目的的形态，以及为实现这些目标应采取的政策与计划，它诠释一家公司现在经营什么？将来应该经营什么？以及现在是什么类型的公司？将来应该是什么类型的公司？

当管理者考虑到：公司现在经营什么？它应该经营什么？就涉及策略的选择：从外在环境找机会，从内部组织找资源，将机会与资源做出"最佳组配"的经营模式，以为组织创造优势。所以，策略制定者需要对环境机会与威胁进行了解，并对它采取某种掌控，使这些环境外在力量能对组织产生有利的影响。

以新兴电器为例，如果经营者不思改变，继续维持"只向名牌大厂进货，在店里陈列，等待客户上门销售"的做法，不去影响它的供货商或顾客，不去构思建立经销商品牌的策略，新兴电器就不会积极找到能影响环境的策略。没有策略，新兴电器不会发展成为马来西亚最大的家电连锁商，也不会经营出特殊的优势，它只能保持与其他家电零售商相似的规模。

二、策略规划程序

策略是一种决策，它决定公司的经营模式。由于组织面临不确定环境，环境同时存在很多机会与威胁，组织有不同的强项与弱点，策略规划就在辨识这些"机会与威胁"、"强项与弱点⑱"，从中找到能为组织创造优势的经营模式（策略）。

Opportunities and threats

Strengths and weaknesses

所以，策略规划是**机会与威胁、强项与弱点**的确认与考量。它从确认**公司的使命任务**开始，然后分析环境的机会与威胁，从机会寻找发展机会（目的），同时避开潜在威胁。所寻找的机会必须配

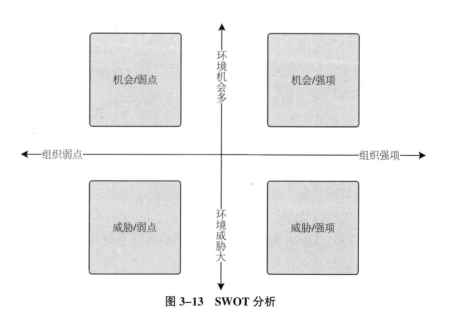

图 3-13　SWOT 分析

合组织强项与弱点，确使组织有足够的资源条件来创造优势。

从上述**机会与威胁**、**强项与弱点**分析，可以得到最佳的可行策略，管理者据以拟订策略目标与策略计划。整个策略规划过程如图 3–14 所示，兹将各步骤说明如下：

（1）**决定公司任务**：确认"我们的企业是什么?"找出公司的发展机会、策略导向与基本使命目标。

（2）**诊断环境机会与威胁**：了解环境状况，从政治、经济、社会、法律、科技等变化中寻找市场机会，也认识环境威胁，避免组织遭受环境的不利影响。

（3）**评估组织强项与弱点**：了解组织的条件状况与资源，从生产、营销、人力资源、研究发展、财务等方面评估。

（4）**产生策略方案**：根据环境的诊断（机会与威胁）与组织的评估（强项与弱点）之结论，再与公司任务要求对照，挑选各种可行的目标与策略，进行筛选，找出最佳的可行策略。

Company mission

SWOT analysis

Formulate a mission

Diagnose environmental

Opportunities and threats

Assess organizational

Strengths and weaknesses

Generate alternative

strategies

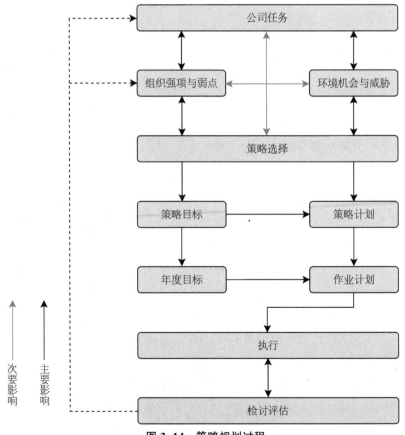

图 3-14 策略规划过程

Develop strategic plans

（5）**制订策略计划**：将策略以具体的营运数据表示，制定资源分配原则，明确规范各单位职责。

Develop operational plans

（6）**制订作业计划**：各事业单位根据策略性计划分别制订细部的执行方案。

Implement the plans

（7）**执行**：根据计划执行。

Evaluate the performance

（8）**检讨评估**：根据执行结果，检讨上述缺失，并采取改进措施。

策略规划是组织**正式化**管理作业的一环，企业常设置**企划部门**从事此项工作，许多学者认为组织需要采用策略规划，以正式化管理来制订策略，因为策略规划提供以下十项功能[19]：

Planning department
Steiner（1970）

（1）模拟未来。

（2）应用系统方法。

Simulate the future Systems approach
Framework for decision-making

（3）激发思考"目标—手段链"。

（4）确认未来机会与威胁。

（5）建立全公司决策架构。

（6）防止零碎决策。

Prevents piecemeal decisions
Tests value judgements
Channel of communication
Helps to master change

（7）验证价值判断。

（8）疏通沟通管道。

（9）协助对应变革。

（10）衡量组织长期绩效。

策略规划是企划工作的一环，它能强化接续的作业企划，落实组织的企划作业，它还能提供组织以下的五项帮助[20]：

Hofer & shendel（1978）

To aid in the formulation of organizational goals and objectives

（1）**协助制订组织的目的与目标**：策略规划能用于评估目标的可行性，通过确认的组织资源以及环境变化状况，才能检视目标的合理性，进而使目标与策略之间相互配合。

To aid in the identification of major strategic issues

（2）**协助确认重大的策略议题**：策略规划最主要的功能，在于确认组织未来将面临的关键策略议题，尤其环境变化加速，组织响应时间必须加快的情况下，更需事前预知与防患。

To assist in the allocation of strategic resources

（3）**协助分派策略资源**：由于组织面对不确定环境，所能运用的资源具有相当大的模糊性，而这些资源运用效益往往不是财务上的投资报酬率、净现值等方法可以衡量的，它需要通过公司高层主管的讨论来分派，策略规划正好扮演此功能。

To guide and integrate the diverse administrative and operating activities of the organization

（4）**指导与整合组织的多元行政与作业活动**：现代企业组织日

趋复杂，作业活动日趋多元，需要有明确的策略来引导与整合各部门的目标与作业，以避免各部门之间的分化、冲突以及资源的冲抵内耗。策略规划能整合各部门的目标体系，提供公司整体的明确方向，作为各部门制订计划的依据。

（5）**协助培养与训练公司未来的总经理人才**：在策略规划过程中让基层主管与企划人员共同研讨、沟通，借助策略的制订，让干部了解公司的全盘作业、参与重大策略的制订、激励彼此的策略思考、观摩高层主管的决策分析、扩大视野、增进沟通协调能力，有助于培养公司未来的总经理人才。

To assist in the development and training of the future general managers.

三、策略模式选择

策略是组织对应环境特性而拟订的发展计划，管理者为对应市场环境的机会变化，而有各种策略选择，最主要的策略选择乃依据机会或威胁的大小而选择：①成长策略。②稳定策略。③撤退策略。策略选择会表现管理者想掌控环境的意图，它针对"对应环境变动"的主动或被动性而有四种选择[20]：

（1）**前瞻者**：寻找环境新机会，主动创新，愿意冒险追求成长机会。

Prospectors

（2）**分析者**：分析环境现有机会，掌握发展机会，维持既有地位。

Analyzer

（3）**防御者**：保护市场地位，减少环境威胁的不利影响。

Defender

（4）**反应者**：针对环境变化，调整策略，以对应变化。

Reactor

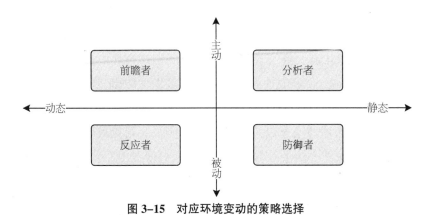

图 3-15 对应环境变动的策略选择

以下介绍实务上应用最广的两种策略分析模式：①策略组配模式；②产业竞争模式。

1. 策略组配模式

组织若设置多个事业单位或销售多个产品，每一事业单位或产品会面对它们特定的市场吸引力与竞争地位，管理者可以依据这两种市场性（市场吸引力与竞争地位）制订最佳资源组配的策略，称之"策略组配"。

策略组配必须收集每一事业单位或产品个别的"市场成长率"与"市场占有率"（代表获利力）数据，画在矩阵图上进行"市场成长—获利力"矩阵分析。"市场成长率"代表市场（产品）的吸引力，"相对市场占有率"代表它们的竞争地位。

"市场成长率"与"相对市场占有率"各有高低，代表市场吸引力的高低（机会—威胁）与竞争地位的大小（强项与弱点），每一事业单位或产品的数据在矩阵图上所描绘的位置就是它应该采取的策略，这些策略分成四种②：

Cash cow

（1）**金牛**：在低市场成长率与高相对市场占有率的矩阵位置，代表这一事业单位或产品所处的市场地位较强（因为它的高相对市场占有率），但在成熟市场上经营，市场成长率较低，成长有限，所以该事业单位（产品）不需再做投资，而有从竞争地位获得的现金结余来支持其他事业单位。

Star

（2）**明星**：在高市场成长率与高相对市场占有率的矩阵位置，代表这一事业单位或产品所处的市场地位较强（因为它的高相对市场占有率），能产生现金，但它经营的市场仍处于高成长，需要不断挹注资金开发市场，所以它从竞争地位所获得的现金结余不能支持其他单位，应该继续投资，以维持竞争地位。

Problem child

（3）**问题儿童**：在高市场成长率与低相对市场占有率的矩阵位置，代表这一事业单位或产品所处的市场地位较弱（因为它的低相对市场占有率），无法产生丰足的现金，但它经营的市场仍处于高成长，需要不断挹注资金以应付市场成长所需，否则将错失高市场成长的机会，它需要从金牛事业（产品）取得现金援助。

Dog

（4）**狗**：在低市场成长率与低相对市场占有率的矩阵位置，代表这一事业单位或产品所处的市场地位较弱（因为它的低相对市场占有率），无法产生丰足的现金，而它经营的市场处于低成长，前景不佳，机会不多，不值得挹注资金继续经营，应考虑减资或撤退。

"市场成长—获利力"矩阵分析最早由波士顿顾问团提出，又称 BCG 策略模式。它着眼于"资源组配",为每一事业单位规范它应该对组织贡献的角色,亦即赋予每一事业单位四种资金调配的策略角色:挤乳(金牛事业)、独立运用(明星事业)、接受资助(问号事业)、回收或裁撤(狗事业)。

2.产业竞争模式

组织必须了解产业环境特征,并根据产业特征制订策略,建立它在市场上的竞争优势。所谓"产业环境特征"是产业具有获利吸引力的要件,它取决于厂商与产业利益关系人之间所形成的力量,竞争优势乃建立在有利的力量上。这五种力量如图 3-17 所示,分别为:买方谈判力、卖方谈判力、同业竞争、进入障碍、替代品的威胁[23]。

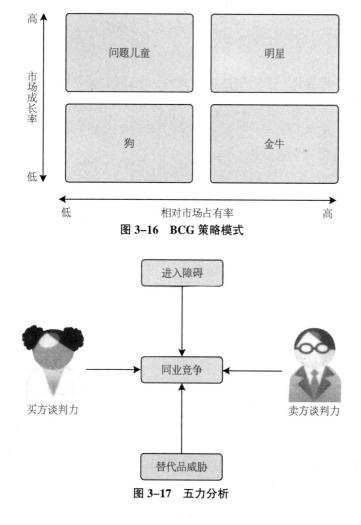

图 3-16 BCG 策略模式

图 3-17 五力分析

　　必须仔细分析上述五种力量，利用五力分析模型，选择进入一个具有获利吸引力的市场，并在市场上经营出具备优势条件的竞争定位。根据五力分析模型，厂商的竞争优势来自于它能够认识产业环境特征，能够在市场上：

（1）构筑进入障碍。

（2）寻求较佳之策略组群定位。

（3）强化对买方或卖方的谈判力。

（4）减缓同业的竞争。

（5）降低替代品的威胁。

　　厂商能够在市场上建立竞争优势乃得自于它们所做的正确策略选择，它们称之**纯质策略**[24]，这是如图 3-18 所示的三种选择：

Generic strategy

Cost leadership

　　（1）**成本领导**：成为产业内最低成本的制造者，低成本的来源可能包括：规模经济、专门技术、接近原料产地（节省运输成本）等。

Differentiation

　　（2）**差异化**：努力创造竞争者无法制造的独特特色，此种特色能提供顾客最大的价值。

Focus

　　（3）**集中**：集中经营某一特定市场范围，该市场上只容许一家厂商，其他竞争者无法进入。

Broad range of segments
Particular target segment
Niche strategy
（Focus strategy）

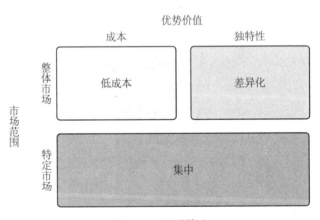

图 3-18　纯质策略

Action plan

作业企划

　　作业企划是针对具体目标或者立即要产生成果的事务，制订**行**

动计划。作业企划要完成的目标对象非常明确，不必像策略规划，须从环境寻找机会，或重新整合资源。作业企划乃依据上一层级所交代的具体目标，转变为下一层级部门或个人的目标，并拟订一套立即实践的计划；通常这类计划短时间就要产生成果，又称为**短期企划**。以下分别介绍作业企划的重点，以及实务上"目标管理"系统流程。

Short-term planning

一、作业企划重点

作业企划特别要求短期要有具体成果，特别强调：①**目标**。②**期限**。③**动员**。④**激励参与**等四个要素；换言之，管理者必须明确订出**目标**，在要求**期限**内，**动员**相关力量或资源，在高度**士气**下，**合作**完成目标。上述四项要件是作业企划的要领，它们的内容都必须在作业计划书面文件上写明。

Objective

Schedule

Mobilization

Motivation

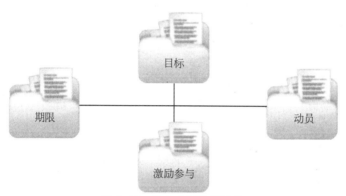

图 3-19 作业企划的四要件

图 3-12 的计划体系列示两类作业计划：①常备计划。②项目计划。两类作业计划特别需要予以书面化，这些文件特别着眼于"有效执行"，所以必须在计划中详细列出目标、期限、参与人员、所需资源（动员）以及奖惩规定。

作业计划特别强调计划的有效执行，计划能够有效执行的条件是：

● 统一：追求一个共同目标就能统一管理行动。

● 专注：在某一期限内越集中与专精于所要达成的结果，达成的可能性越高。

● 参与：越自主参与设计工作且为结果负责，实践的动机越强烈。

● 激励：进步只能用一个人想进步的程度来衡量评估。

二、目标管理

MBO（Management by objective）

目标管理是实务上最常见的作业企划，它以目标作为企划的重心，将组织目标根据组织阶层，依序将高层目标分派至中、基层，使各部门单位目标结合成一体，构成目标体系，使各层管理者能依据所订目标执行任务。所以，目标管理是非常有系统、很明确的管理制度。它会详细列出从全公司到每一单位全年应该达到的目标，这些目标将细分到每一个人在每一季、每一月份等应该完成的责任额度，目标之间形成目标体系。相关的资源、作业准则与奖惩，也会在计划中详列，以激励组织全员有效达成整体目标。

新兴电器通过目标管理分派全公司 1700 人的工作任务，将总公司全年要达成的目标、各部门的责任额与相关的经营准则（八股驱动力）都列示在年度计划中，这套计划将公司整体目标细分到每一个部门在每一季、每一月份等应该负责的目标，而将新兴电器的重要管理活动整合在年度计划中，使各部门的活动都有所依据。

为确保目标管理的有效实施，目标本身必须合理、可行，且利于控管。因此各阶层、各部门、甚至个人目标必须按一定的逻辑"串联"起来，形成体系。此一体系有两条"链"的逻辑：

Means-end chain

（1）**目标—手段链**：低层目标必须作为完成高层目标的手段，各阶层目标形成紧密关系。

Core-support chain

（2）**主体—支持链**：目标进行细分时，要先掌握主体目标，使主体目标之间有强固的逻辑性，用以推导各阶层（部门单位）目标，以及相辅的支持目标，构成主体—支持目标链，串联个别目标。

目标管理的过程如图 3-20 所示，说明如下：

Setting objectives

（1）**制定目标**：完成目标的"目标—手段链"与"主体—支持链"的建构。

Developing action plans

（2）**制订行动计划**：根据所要完成的目标，分派责任，安排时程，订定计划，建立书面化文件。

Reviewing progress

（3）**检讨进度**：根据作业计划实施，定期检讨进度，若有进度落后，应追究原因，加以改善。若无法完成计划，应尽速提出报告，采取补救，必要时，请求支持或修正目标。

（4）**成果评核与奖励**：定期评核计划实施成果，根据目标的完成状况，给予团体或个人奖励。

Appraising performance

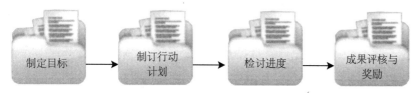

图 3-20 目标管理过程

三、目标管理的实例

有一家公司的组织如图 3-21 所示，总经理以下分为销售、生产、研发、人事等四个部门，本年度的损益资料如表 3-2 所示，公

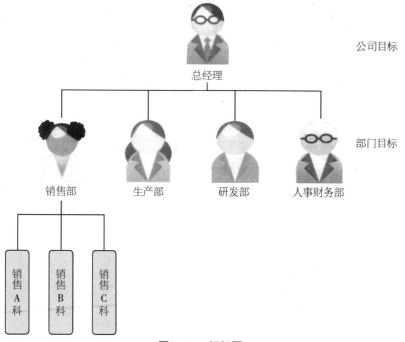

图 3-21 组织图

表 3-2 损益表

	本年度损益（万美元）	占销售收入（%）
销售收入	100	100
销售成本	70	70
销售毛利	30	30
销售费用	15	15
管理费用	5	5
净 利	10	10

司采用目标管理，要为各部门制订明年度目标。本案例特别列示销售部门的目标制订，并说明所属单位（销售 A、B、C 科）如何依据部门销售目标，依次展开各单位的责任目标。

为使销售部门三个单位（销售 A、B、C 科）的目标能够"合理、可行，且利于控管"，而构建目标管理体系，企划人员必须掌握下列两条链，将目标"串联"起来：

● 目标—手段链：高中低层目标，由上到下垂直细分目标，并予以串联。

● 主体—支持链：主体目标与支持目标，水平细分目标，并予以串联。

以下六个步骤乃依据目标管理的过程，特别说明目标之细分，从上到下逐层展开，为每一单位设定目标。

Core objective

1.掌握整体的主体目标

从整体环境思考企业整体目标，将公司的整体的销售、成本与利润目标依据"损益表"形式构建，这三项目标必须利用以下四个构面相互核对，估算整体目标的最适实现水准与实现可行性：

● 历史成长。

● 同业竞争。

● 市场预测。

● 主管企图心。

通过上述四项构面的估算，（假设）公司希望明年销售目标较今年成长 20%，订为 120 万美元如表 3-3 所示。

表 3-3　明年目标

	本年度损益（万美元）	占销售收入（%）	明年目标（万美元）	预计明年成长（%）
销售收入	100	100	120	
销售成本	70	70	84	
销售毛利	30	30	36	20
销售费用	15	15	18	
管理费用	5	5	6	
净　利	10	10	12	

Relationship among objectives

2.找出目标的逻辑关系

各部门应设定的目标，彼此会有垂直与水平的逻辑关系。例如，销售目标、成本目标、利润目标三者之间有"利润等于销售减成本"的关系。根据这一关系，利润目标是上层目标（如图 3-22 所示，总经理应该负责的目标），销售目标与成本目标是下层目标（如图 3-22 所示，个别部门应该负责的目标）。利润目标与它的下层目标构成垂直关系，销售目标与成本目标两者具有水平关系。

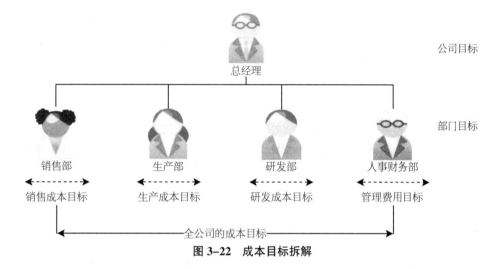

图 3-22　成本目标拆解

3.目标成分拆解，水平分配给各部门

将目标依组织编制如图 3-22 所示做水平细分（拆解），例如将利润目标拆解为销售目标与成本目标，成本目标再拆解为生产成本目标、销售成本目标、研发成本目标、管理费用目标等，将各子目标分配给销售部、生产部、研发部、人事财务部等单位，作为个别单位的目标。这种细分拆解应特别注意主体目标与支持目标之间的水平关系。如图 3-23 所示再将销售目标细分拆解为 A、B、C 三个销售科应该负责的目标。

Decomposition of an objective

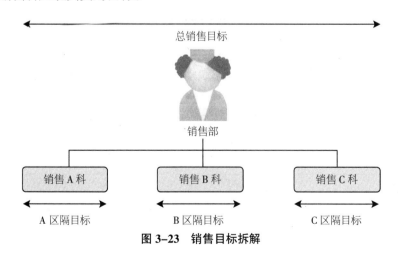

图 3-23　销售目标拆解

4. 建立"目标—手段链"

确定整体目标、找出目标的逻辑关系后，就可以继续往下推导下一阶层的目标，并确认"下一阶层目标"是实现"上一阶层目标"的手段，这就是"目标—手段链"。

例如，明年度整体销售目标是 120 万美元，这一目标是由 A、B、C 三个销售科个别负责 A、B、C 三个区隔市场的销售构成的，根据以下三个步骤建立"目标—手段链"。

（1）分析本年度 A、B、C 各区隔市场的绩效表现，如表 3-4 所示，列出三个市场的销售量、平均单价、销售值。

表 3-4　区隔市场分析

	销售量（万美元）	平均单价（万美元）	销售值（万美元）
A 区隔市场	5050	100	50.5
B 区隔市场	1000	120	12.0
C 区隔市场	2500	150	37.5
合　计	9000		100

（2）根据上述分析，为每一市场区隔预设明年度的成长标值，如表 3-5 所示，本例将 A、B、C 各区隔市场的成长率预设为 10%、25%、30%。

（3）检定各区隔市场销售实现目标的可行性，如表 3-5 所示，以今年的销售量乘明年的成长率，算出明年度的（目标）销售量（本例合计销售量为 10055 万美元），再从平均售价算出明年的目标销售值为 119.3 万美元，其总数必须与明年度整体销售目标（120 万美元）进行可行性的核对，如果无法实现 120 万美元目标，需要修正调整各市场区隔的成长率或平均单价格，以实现明年度目标[⑤]。

表 3-5　区隔市场成长目标

	销售量（万美元）	成长率（%）	目标销售量（万美元）	平均单价（万美元）	目标销售值（万美元）
A 区隔市场	5050	10	5555	100	55.55
B 区隔市场	1000	25	1250	120	15.00
C 区隔市场	2500	30	3250	150	48.75
合　　计	9000		10055		119.30

5. 再以"目标—手段链"细分，将目标逐级往下开展

Feeder-objectives

　　重复上面步骤，亦即继续建立"目标—手段链"，直到所有单位的目标均建立为止。例如将销售部的目标分配给 A、B、C 三个销售科，甚至每位推销员。为使目标体系相互间具有强固的逻辑性，而构成"目标—手段链"，各目标间应做交叉拆解，并推导主体目标所需配合的支持目标，使目标形成体系，相互串联。

　　例如，将销售部目标依渠道类别再拆解，而与各销售科的目标彼此做交叉分析，检定各销售科在各渠道类别的部署与实力如表 3-6 所示，A 销售科将 55.2 万美元的销售目标分配到渠道甲、乙、丙，个别渠道希望有 15.6 万美元、27.8 万美元、11.8 万美元的销售量。

表 3-6　区隔市场通路别细分

	A 销售科 （万美元）	B 销售科 （万美元）	C 销售科 （万美元）	合计 （万美元）
甲渠道	15.6	6.0	31.6	53.2
乙渠道	27.8	9.0	9.7	46.5
丙渠道	11.8	2.5	7.4	21.7
合　计	55.2	17.5	48.7	121.4

6. 找出目标驱动要素，建立目标与驱动要素间的关系

Driver of objectives

　　所谓驱动要素是直接影响目标完成的基本要素，它具有"投入—产出"的直接关系②，掌握驱动要素能让管理者直接掌控完成目标的要素，并用来检定目标完成的可行性。

　　若将渠道的销售家数分 A、B 两级，各级零售店的家数就是本例的驱动要素。假设 A 级零售店每月营业额为 10 万美元，B 级零售店营业额每月为 5 万美元；如果 A 级零售渠道有 6 家、B 级有 13 家，合计 19 家，可以完成 125 万美元的营业额，实现超过原先预定的整

表 3-7　根据零售店家数检定销售目标

	A 级销售店 家数（销售值： 万美元）	B 级销售店 家数（销售值： 万美元）	合计 家数（销售值： 万美元）	目标值 家数（销售值： 万美元）
甲渠道	3（30）	5（25）	8（55）	53.2
乙渠道	2（20）	6（30）	8（50）	46.5
丙渠道	1（10）	2（10）	3（20）	21.7
合　计	6（60）	13（65）	19（125）	121.4

　　注：A 级零售店为每年营业额平均 10 万美元者，B 级零售店为每年营业额平均 5 万美元者。

体销售目标（120万美元）。如果目前该公司只有12家零售店，它只要再增加7家，就可以完成目标。

上述例子说明，找出驱动要素，并建立驱动要素与目标间的关系，能让管理人员将目标制订得更合理或可行，也可以找出很多完成目标的方案（手段）。

表3-8　设定展店目

	现有零售店家数			展店目标	增加目标
	A 级	B 级	合计		
甲渠道	2	3	5	8	3
乙渠道	1	4	5	8	3
丙渠道	1	1	2	3	1
合　计	4	8	12	19	7

 辩证

企划的重要性毋庸置疑，企划的各项做法也没有可辩驳之处，但是，理论与实务仍有许多差异，"应然"与"实然"之间仍有许多可议之处，这些正是企划可辩证的地方。

没有企划，能做事吗？

组织要做什么、怎么做、何时做、由谁来做，不一定通过企划事先决定的，有些事情是偶发的、意外的、临时起意的，由某些事件导引的，甚至是内部组织的结盟或冲突演变形成的，它们无法预期、预想、预测，所以，也无从企划。理论上的企划常基于管理者理性决策而构建的完善管理制度，但是，组织中有很多事情的发生与演化常不是企划的产物，而是环境突然的改变，或组织政治活动的产物[22]，这是管理者从事企划工作时真正碰到的现实。

管理强调事情是通过企划过程进行设计，并遵照计划完成，这过程是情况分析、目标制订、方案研拟、方案执行、检讨控制。这样的做事过程是假设事情都可以通过"分析"而预想、预测，但实际上很难做到，人毕竟是"有限理性"，无法预知一切未来变化。

在有限理性下，组织是一个**政治个体**，内外散布着利益与权力的勾结，组织权责结构也未必能严格规范。它呈现松弛结合，各部门单位视情况而互动、互赖，在这状况下，人人竞求组织的资源与特权，并且不断产生冲突。

Political entity

如果从这个角度来观察，组织未必能将一切"正确的事"都通过企划去完成，很多事是靠勾结、谈判、斗争而进行的。在这过程人人各施所长，结群结党，影响决策。做事过程可分为两个阶段[28]：①孕育阶段。②解决阶段。

Nanayanan & Fabay (1982)

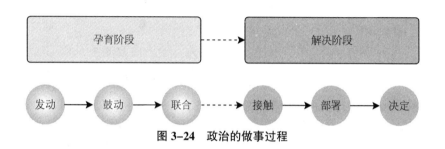

图3-24 政治的做事过程

一、孕育阶段

一群特定人为解决某一事件或支持（修正）某一议案而活动，他们彼此互相联合，不断谈判，理清问题，逐渐将问题搬到台面（孕育）。这些活动与决策过程中的"问题形成"、"注意导向"、"问题发现"、"确认"类似。其过程是：

（1）**发动**：一个人开始认识或关切某些问题，即为发动。其导因为：环境机会、绩效差距、人际需要、个人政治野心等。当事人在此阶段所认知的问题非常模糊和肤浅，部分原因是信息有限，多数信息都得自非正式渠道，个人不断从事探听活动，直到对问题相当了解为止。

Activation

（2）**鼓动**：将问题的确知由个人层次提升到组织层次。在组织中要将议题付诸实现，非个人或单位能力所及，必须鼓动相关的个人或单位参与。所以，当事人必须不断游说其他组织成员，鼓动共同利益或兴趣，制造对事件的共同意识，这些活动都是非正式的，彼此互相交换信息，在共同议题上形成人际关系网络，直到相当多的人群被"发动"为止。

Mobilization

（3）**联合**：一旦相当多人认清某一问题，而欲采取行动解决时，

Coalescence

他们会出现联合行为。这些行动包括交换资源、力量整合（勾结）、提出共同的具体意见，完成联合的团体可以称为"同党"。

二、解决阶段

Solution

通过孕育阶段，已经搬到台面上的问题，就要进入解决阶段[29]。这一阶段的活动与决策过程中的"问题解决"、"抉择"、"挑选"类似，它们等同于评估相关的解决方案，并选择合适的方案，准备采取解决问题的行动，过程是：

Encounter

（1）**接触**："同党"展开团体间的双边谈判，双方都想影响组织接受其偏好的方案，双方会进行重要人物的说服，正式产生接触。

Deployment

（2）**部署**："同党"为提高地位权力，会考虑改变组织目标、资源配置，或者视情况部署某些资源，或者放话、搅局，阻碍对方掌权，或者拉拢对方，消除杂音。这些部署主要基于"同党"利益，但为了增加说服力，他们需要借助一些"理性"外表（例如企划案），以装饰其"欠缺理性"的意图[30]。

Decision

（3）**决定**：双方的接触会带来亲近，并使双方的共识或歧见趋于明朗。由于事件需要有所决定，决定的形式包括：同意、推延、无知觉、转化或阳奉阴违。如果双方的歧见无法消除，又无法取得"信任"，"决定"会流于后三者（推延、无知觉、转化或阳奉阴违），出现近似解决的结果[31]。

策略规划的谬误

20 世纪 60 年代策略规划风行以来，最有趣而矛盾的是：常见企业界在捍卫（使用）策略规划，学术界在批判它。企业界是策略规划的"信徒"，学术界却是策略规划的"叛徒"：提出严苛批评，甚至将之批评得一文不值[32]。

Minzberg（1995）

Formalization

学术界的批判重点是：策略规划挟持理性分析方法，将公司的意图达成的目标成果拆解为若干步骤，将这些步骤**正式化**[33]，为每一步骤订出具体的预期结果，分配各级人员执行，且接受企划人员的紧密控管，企划人员因此成为"策略家"。

明茨伯格对这群策略家做了非常刻薄的描述：他们在组织各单

位的权力交错冲突中，置身于现场外，而躲到一个清静办公室展开策略的设计工作，他们称这种工作为"策略规划"：埋首于制作各种策略分析报告以及设计计划的控制表单。然后不断开会，要求 各单位按他们提出的策略报告执行相关计划。他嘲讽这种工作是：**上午写任务说明，下午做优势分析，下班前交出策略。**

而这类策略规划犯了三大逻辑谬误：①预先设定的谬误。②分离的谬误。③正式化的谬误。

Mission statement

Fallacy of predetermination

一、预先设定的谬误

策略规划假设制订计划时，世界是静止的，而当计划被执行时，世界追随预设的计划路径在运转。这种谬误的预设情境相当于：本月份拟妥的新产品开发计划，总经理在下个月批准，竞争者会等到总经理批准后才有所行动。实际的情形当然不会都在企划人员的预设（预测）之中，很多情况，企划人员所做的预测只是"捏造"一堆参考数字而已，实际的情况都在变化之中。如果用企划人员"捏造"的数据目标来"限制"实际的作为，无异于本末倒置，会让计划失去它的管理意义。

Fallacy of detachment

二、分离的谬误

策略规划运用企划系统，将策略行为正式化，将组织的思想、行为掌控在制度中，并促成各种"分工"：战略与战术分离、企划与执行分离、思考者与行动者分离。公司信息层层上报，让企划人员"秀才不出门，能知天下事"，他们不在工作现场，却在制订或裁夺现场上正在执行的策略。

事实上，策略不是只有"动脑"，更需要"动手"或"动口"。好的计划必须自己实践动手才能制订出来，不是只靠动脑而已。策略家必须身陷业务堆中，才能总揽全局，才能挖到好构想，同时负责日常例行业务者才能想出好的策略或计划。

Fallcy of formalization

三、正式化的谬误

策略规划最大的失败是：假设制度能做得比人还好。有时，正式制度对于承受过多信息的人脑并没有提供任何帮助，它只是让事情搞得更糟而已。制度确实能提供更多信息的处理，但永远不能将

Internalize, compre-
hend, and synthesize

Strategic programming

它**内化**、**解读**与**综合**。正式化程序无法预测不连续性，无法创造 新奇策略。若没有一些人主观、先入为主的构想，规划无法进行，更遑论提供策略。所以策略规划只是**策略程序化**，它将已制订好的 策略予以正式化（程序化），而不是策略制订的全部。

不确定性的策略管理

明茨伯格提出策略规划的三大谬误：①预先设定的谬误。②分离的谬误。③正式化的谬论，颠覆了管理学界对"企划"的看法。面对这样的谬误，管理者应该如何来从事策略规划呢？

Michael E. Raynor
Uncertainty
Commitment

著名的管理顾问提出一套环境不确定性的策略管理模式，他认为策略管理的重点在于管理**不确定**，而不是规划未来——利用预测技术找出"看似确定"的未来，据以建构愿景，然后许下**承诺**（计划）去完成。

在不确定环境下，策略规划本身伴随着极高的（失败）风险。因此策略的重点应该放在"不确定管理"：策略管理应该避免单一的策略与承诺，致力于发展各种可行策略，通过多重选择，来应对各种不确定的未来。所以，正确的策略不是只有"一个策略"，而是"一组策略"，且能在多种策略中，不断调整适应，应对环境变化，从中学习成长。

苹果公司在个人电脑产业逐渐成熟而获利不佳时，能够转型到3C 高获利主流产品，就是依赖这种策略的"不确定管理"。苹果公司在"个人电脑"产业拥有极佳的资源：技术、品牌、销售渠道等，它利用这些软硬件设计，制作出功能卓越的产品，在市场占有一席之地。苹果公司的承诺都在个人电脑产业，2000 年公司如法炮制，推出一款革命性的个人电脑 iMac，却遭到失败。原因是苹果公司认为消费者无需从网络下载而利用磁盘驱动器烧录档案，因为网络有丰富的档案资源供检索（对环境做错误的预测）。公司高层主管预想的市场情况与实际情况已经脱节，他们忽视正在市场大为流行的档案下载、CD 分拆（CD-ripping）、使用者控制的 P2P 档案分享等潮流。

但是 iMac 的失败却引导苹果公司发展出弹性应变的新策略，公司高层注意到顾客对音乐有强烈下载的需求，开始将苹果电脑的优势转移到音乐产业，推出大磁盘容量与 iMac（电脑）结合，供人从网络下载音乐的 iPod。

iPod 的产品开发展现苹果公司对环境不确定的策略管理能力，公司因而以全然不同的思维经营音乐下载产业。2006 年苹果公司再借助这种策略管理能力，推出苹果手机 iPhone，跨足手机产业[34]。至此，苹果公司完全摆脱定位于电脑产业的经营领域。

苹果公司对环境不确定的策略管理是以预想、研拟、累积、营运而形成策略[35]：

- **预想**：假想未来可能出现的各种情境。 Anticipate
- **研拟**：针对未来情境，打造理想策略。 Formulate
- **累积**：从既有累积的资源，找出策略所需的资源选项。 Accumulate
- **营运**：妥善管理相关的选项组合，创造产出。 Operate

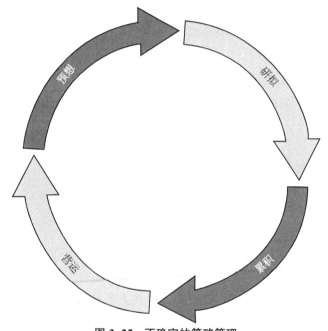

图 3-25 不确定的策略管理

目标管理的困难

实施目标管理虽然能够将员工的所有努力集结到目标的实践上，并且鼓舞员工士气，统一管理行动，但实施时，也会有以下困难[36]：

Presistent pursuit of targeted objectives when a change is indicated

● 当情况改变，原先追求的目标不具价值。

● 原先没有追求，且没有预期的机会出现。

● 所欲完成的目标，结果效益并不具体。

● 目标不可能完成的危机出现。

● 只有基层单位在实行目标管理，高层主管只是摇旗呐喊。

● 目标只能以工作活动表示，无法以工作产出表示。

● 奖金只盯住绩效产出，不考虑外界的干预影响。

Difficulty of setting measurable goals for staff personnel

● 幕僚人员的具体目标不易制订。

● 故意制订低目标让人容易实现，以争取绩效奖金。

● 个人与部门目标无法整合，各行其道。

● 由于不可控制的环境因素而使目标无法实现。

● 员工只是被动参与，对目标的应许不够。

● 无法找到能够执行目标管理的经理人。

Paper work and red tape

● 增加许多文书作业与官僚规定。

● 目标绩效评估威胁传统忠诚美德、考绩制度的价值与使用。

● 目标无法具体数量化，只能以责任或特性的方式表达。

● 高度专业化与技术性工作无法设定其目标。

● 无法获衡量进度，也无法获得贡献回馈。

Time-consuming

● 目标设定过程太浪费时间。

● 很难决定多元目标的价值。

● 由于组织的分权与变动，全员很难投入参与。

● 很难找到可以做目标设定的切入点。

● 基层单位很难执行目标管理。

● 管理人员的例行业务太重，各部门没有时间协调。

● 目标实现的时间间距太长，以致无法感受到进步的回馈。

● 完成目标的行动落在低层员工，中、高层主管脱身于外。

● 设定目标的早期会议，无法讨论实施期间会碰到哪些造成目标改变的事项。

● 各部门所提报的个别目标彼此重复、矛盾，且没有优先次序。

● 过去已对目标管理产生成见的员工参与新计划的目标管理有相当的困难。

● 目标设定只对某些部门有用，对于像 R&D 这类创意工作很难用目标管理来管。

实例验证

1. 请分别列举新兴电器所企划的目的与目标，两者如何构成公司的目标体系？

2. 新兴电器在创业时发现哪些环境机会与威胁？林金兴如何从中找到策略？

3. 请描述新兴电器的策略规划过程。

4. 请以五力分析，找出新兴电器在 2012 年的竞争优势。

5. 请从表 3-1 "营业范围"升级 2.0 计划，评述新兴电器追求集团成长的愿景与具体目标分别为何？

6. 请利用：①BCG 策略组合模式、②产业竞争模式，分别为新兴电器集团提供提升门市店绩效的策略分析。

7. 请评述新兴电器集团根据九股驱动力所制订的年度计划，它是否掌握作业企划的四项要件？

第四章 组织

学习目标 研读本章之后，您将能够：

1. 认识组织与职权的基本概念

2. 认识组织结构的分职化、部门化与正式化之设计

3. 认识影响组织结构的情境变数

4. 认识工作设计与工作分析

5. 认识组织用人的流程

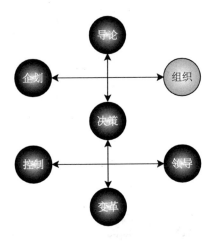

个案：CoCo 都可茶饮
理论
组织结构设计
　　一、分权化：职权
　　二、部门化
　　三、正式化
组织设计的权变模式
　　一、机械式
　　二、机能式
　　三、环境
　　四、规模
　　五、工作技术
工作设计
　　一、工作分析流程
　　二、工作设计
用人
　　一、人力企划
　　二、招募
　　三、甄选
　　四、训练与发展
　　五、绩效考核
　　六、酬劳与奖赏
辩证
组织就是"指挥结构"？
颠覆组织
过度分化正是组织的失败
流程改造式的组织设计
组织的最后结构：团队
组织转型
绩效评估的盲点
实例验证

个案
CoCo 都可茶饮

"CoCo 都可茶饮"1997 年创立于中国台湾省新北市淡水区，2007 年在苏州创立第一家门市，2009 年在大陆华中、华北地区开设 350 多家门市店，2010 年开始进军大陆以外的国际市场，2011 年底，全球已有约 800 家门市（包括台湾地区 170 家），成为中国外带式茶饮第一品牌。

"外带式茶饮"或"现场制售饮品"，从店内饮用的休闲饮品餐饮店演化为不提供内用服务，没有额外门面装潢，小面积（约 10 坪米左右）开店，饮料现场调制，顾客点购后外带饮用，很适合以品牌授权加盟方式来展店，加盟者只要准备很少资金，就可以在人潮集中的街角或醒目地点开店。

"CoCo 都可茶饮"能在几年之内到世界各地开店，得力于公司发展一套很成熟的授权加盟制度，吸引许多创业家投入开店。由于门市服务、贩售商品、饮品调制、店面外观等所有作业都以标准化，创业家只要接受公司地区营运总部的指导，按规范操作，管好店内的作业人员，就能获取合理的投资报酬。

由于"外带式茶饮"开设门槛很低，加盟组织编制如果不健全，管理职权不清，监控失当，各门市店将因与总部的权责不明，彼此利益冲突而爆发纠纷，影响服务品质降低。为此，"CoCo 都可茶饮"制定很严格的授权加盟办法，并由各地区总部进行控管。

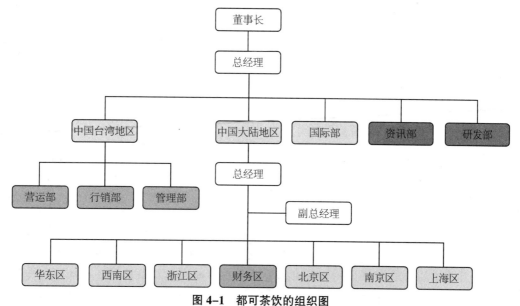

图 4-1　都可茶饮的组织图

注：CoCo都可茶饮全球已有约 800 家门市，成为大中华区外带式茶饮第一品牌。

图 4-1 列示 CoCo 都可茶饮的组织图。公司以台湾地区为总部，区分三大营运地区：台湾

地区、大陆地区、其他国际市场，其中大陆地区又区分为：华东、西南、浙江、北京、南京、上海等六个地区总部。

都可茶饮公司以多总部组织的形态在全世界各地拓展加盟连锁，在大陆地区的主力市场，公司以六大"区域总部"做纵深部署，而非直接由"企业总部"或"大陆地区总部"直接监管。六大"区域总部"中，北京、南京、上海三个大城市单独设置总部，反映公司在这三个大城市采取密集招商开店策略，是大陆地区展店的"一级战区"。华东、西南、浙江三个地各区设置区域总部，管辖各区域内各不同重点城市，以利各"区域总部"的因地制宜。

都可茶饮的门市所需的原料都由各"区域总部"设立的"物流中心"直接配送，集中在区域总部控制发货效率，减少在各门市店设置仓库或中央厨房的营运成本。此外，为避免不同加盟主在相同地区的热闹区域互相开店的恶性竞争，公司不采用单一门市的授权经营，而采用"区域授权"加盟制度。

所谓"区域授权"是以一至二百万人口为单位划分，北京、上海、南京等人口众多的一级城市划分成数个授权区域，其他二级城市则以单一城市作为单一区域授权。每一单位区域的展店授权一位加盟主负责经营，由他们决定区域内开店的地点与数目，所以各"区域总部"只管辖少数几位加盟主，但需要与加盟主共同经管许多加盟店。

都可茶饮的"区域授权"加盟体制以"合资连锁"为特色，而非一般公开征求、只缴交固定加盟管理费的连锁加盟。所以公司对取得"区域授权"的加盟主有很大的条件限制，会要求加盟主"一年内须开店5~10家不等"展店加盟条件，一般加盟主未必有此开店财力，所以，公司也投入一部分资金，强化加盟主对总公司的信心，创造双赢。

"区域授权"保障加盟主在某一地区范围内独家拓点展店，负责该地区多家门市的经营，给加盟主更大舞台来发挥。总公司参与出资，双方形成合伙关系，各尽所能。都可茶饮巧妙地从"直营连锁"与"加盟连锁"中，找出"合资连锁"的特色，它结合"独资连锁"与"加盟连锁"的个别优点，却没有两者的个别缺点。

不过，漫长的加盟甄选流程以及投资门槛，拖慢CoCo在大陆的连锁展店速度，不利于它在大陆拓展。为此，公司增加两个甄选加盟主的渠道：

1. 寻找在大陆当地深耕的台商干部加盟：在台商密集的大陆城市（上海、苏州、昆山、南京、厦门、武汉）寻找台资企业的优秀干部，双方合资创业。这些干部已经在当地深耕，有地缘关系，能了解当地环境生态。

2. 台北总部对外扩大甄选培训干部：台北总部大量雇用有意到大陆发展的年轻干部，先安排为储备干部，经过至少半年的培训与实习历练后，派到大陆各区域总部任职，再鼓励干部提出创业计划，甄选后升任合资伙伴。

理论

任何企业的经营理念、营业目标都必须通过组织来实践，对于一家经营版图遍及海内外的国际化公司，更需要借助"组织"来进行资源配置。"CoCo 都可茶饮"采用了多总部组织的形态在全世界各地拓展加盟连锁，搭配"区域授权"与"合资连锁"的制度，能找到许多有心创业的加盟主共同来扩展事业。

如图 4-1 所示的每一组织单位，都是"组织"，每一组织单位还会划分若干部门，形成复杂的组织体制。**组织**（名词）是人员工作的"场所"，它是通过"组织"（动名词）而组成，做动词的"组织"是为达成目标而对组织资源进行配置的过程。

Organization

Organizing

人们做事需要分工，通过组织才能让共事者了解其他人的工作与角色，以利共事，进而合作。所以，为集合人力一起共事实现目标，会经历三个步骤：首先，确立工作与工作之间的关系（称为**工作设计**），进而，将人员分派到工作上（称为**用人**），最后，建立人员（职位）与人员（职位）之间的关系（称为**结构设计**）。

Job design

Staffing

Structural design

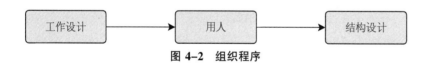

图 4-2 组织程序

本章介绍"组织"（动名词）的顺序与前述步骤稍有不同，首先解说组织的结构设计，其次讨论工作设计，最后讨论用人。

组织结构设计

企划与组织的关系非常密切：企划决定**做什么**，组织决定**如何做**；企划确定**要做哪些事**，组织决定**做事**的方法。

What to do

How to do

这方法就是如何"分工"与"合作"：

● **分**：将复杂的工作细分，细分至可以被有效执行的程度。

● **合**：将细分的工作合并，合并成可以表现绩效的整体。

当人员与人员之间有明确的工作关系，组织才能要求分工合作，这种关系称之**组织结构**。组织需要结构化，以加强组织的稳固性；

Organizational structure

通过结构，共事者较容易了解其他人在工作流程的地位与角色，以利于彼此共事。因此，组织结构的设计，就是在设计**人与人的工作关系**。

Job relationship

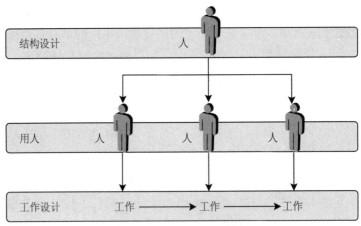

图 4-3 工作—用人—结构

组织将资源按照部门或权力进行配置，并赋予每一个人有做事所需的**职权**，职权所架构的关系就是组织结构。更具体地说，组织结构就是[1]：

Authority

(1) 个人与部门的**工作集合**。

Job grouping

(2) 正式的报告**关系**（包括职权、责任、阶层、管辖幅度）。

Reportingsystem

(3) **整合**的机制。

Coordination

将职权做以下三项的设计，就是组织**结构设计**：

● **垂直结构**：决定哪一阶层可以有做事的决策权，此即分权化。

Decentralization

● **水平结构**：将工作集群的方式与程度，此即部门化。

Departmentalization

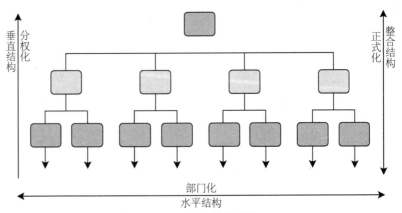

图 4-4 组织结构设计

● **整合结构**：组织依赖规章来导引员工行为的程度，此即正式化。

Formalization

组织通过分权化、部门化与正式三大设计就形成组织的结构，三者的关系列示在**组织图**上；不过组织图上所列示的只是**正式组织**，组织还有组织图无法列示的非正式部分，两者合起来才是组织的全貌。

Organizational chart
Formal organization

组织可以视为一个**分化与整合的结构系统**[②]。分化有两个构面：垂直与水平。前者将职权做**垂直分化**：职权由高阶层往较低阶层进行授权，形成职权在各阶层的分工；后者将工作做**水平分化**，同一阶层有各种在不同职位上的人员各自负责不同的工作。

Lawrence & lorch（1967）
differentiation
Vertical differentiation by authority

分化的另一面就是**整合**，两者各有"正式"与"非正式"的部分，从组织图可以观察正式化的分化与整合，它表现在组织结构，而以垂直、水平、正式化的设计，明确规范组织内部每一工作者：

Horizontal differentiation by specialization
Integration

● 应完成什么事。

What tasks are to be done

● 谁来做事。

Who should do them

● 工作如何集群。

How the tasks be grouped

● 谁应向谁报告。

Who should report to whom

● 在哪里做决策。

Where decisions are made

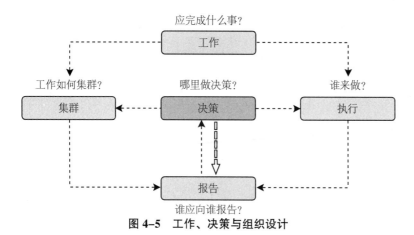

图 4-5　工作、决策与组织设计

以下分别解说分权化、部门化与正式化三项结构设计。

一、分权化：职权

职权是组织赋予管理人员做决策的正式与合法的权力，它让管理人员得以指挥他人服从其命令。职权有两种：

Line authority

（1）**直线职权**：直接指挥下属作业的职权，对组织目标的实现具有直接贡献。

Staff authority

（2）**幕僚职权**：协助直属经理履行管理职责，本身并无直接指挥权力，但以专业功能辅佐其他个人或单位的特定职权。职权有四项特性：①职位必须伴随职权，否则什么事都做不成。②职位伴随职权，不能因人而异；换言之，职权钉住职位，非钉住个人。③职权大小随职位高低而异。④职权必须被下属接受，员工愿意接受的职权只限于主管的合理要求；换言之，职权必须在下属能力与**服从**

Zone of acceptance

范围之内，超越这范围，职权即不存在③。

Centralization
Delegation

决策权集中于一人行使而不假他人，称之**集权**；职权通过**授权**而分化，让更多人参与决策。授权是赋予他人职权与责任去完成特定活动，授权对象多数为更低阶层的下属，平行同事之间的职权分配称之**分工**。

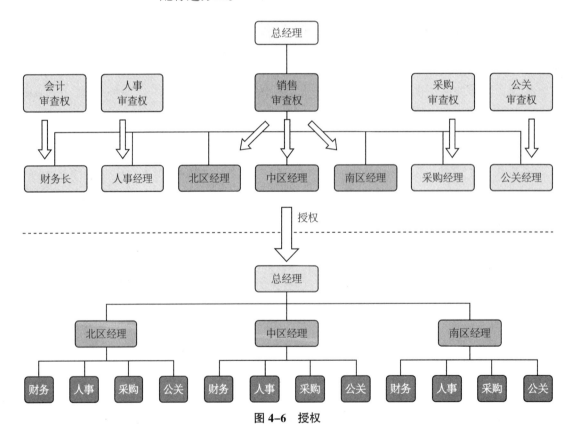

图 4-6　授权

并非所有职权都能够或必须下授或分工，授权会受到：组织规模、决策与职权的重要性、任务的复杂性、组织文化、下属的才能与素质等五个因素的影响。组织规模越大，越需要授权；下属越有才能，主管越能够授权。但是，主管的心态与领导风格才是影响授权的主要因素④。

职权的另外一面就是**责任**，赋（授）予权时，必须同时**课以责**，有权有责，权责相当，才不会滥权，或无人**担当**。不过，责任不能因授权而"减轻"，职权可以下授，责任不能下授，这是**权力下放**、**责任向上**的原理⑤，也是责任与职权不同的地方。

Responsibility
Accountability

二、部门化

部门化是将相同工作集群纳入同一单位，由某一主管掌理的过程。不同的部门化设计对组织会有不同的利弊影响，组织结构有下列三种部门化设计。

1. 功能别组织

Functional approach

将相似的技能、专业与资源使用的职务集群在相同部门，使每一部门执行相同的功能活动。功能性组织是按组织资源的功能（或技能）分类，将相同功能（或技能）的人或设备置于同一部门。

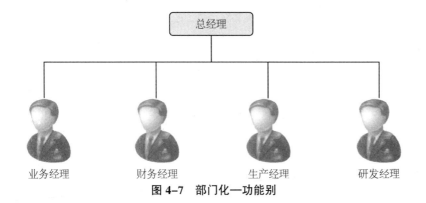

图 4-7 部门化—功能别

2. 事业部组织

Divisional approach

将可以产生相同产出的职位或工作集群在相同部门，使每一部门拥有执行不同功能活动所需的全部资源，能独立完成满足顾客所需的产品或服务。事业部组织拥有执行任务所需的全部资源，不需协调其他单位的支持。另外，**按地区别设置的事业单位**也是"事业部组织"，因为这些单位拥有执行不同功能活动的资源，直接面对顾客，并产生绩效。

Geographic –based divisions

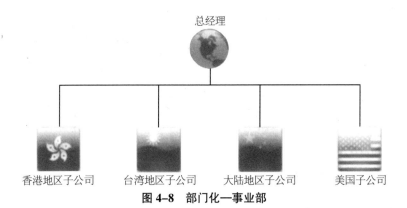

图 4-8　部门化—事业部

Matrix approach

Dual chain of command

3. 矩阵式组织

每一组织部门同时拥有功能性与事业部组织**双重指挥线**，它结合功能专业化与产出责任化的优点。每一位员工必须向两位主管报告，一位是功能部门主管，负责专业技能与资源的指挥调配，另一位是事业部主管，负责特定产出目标的实现。

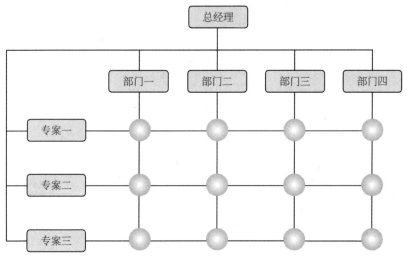

图 4-9　部门化—矩阵式

表 4-1　各种部门化的优缺点

	优点	缺点
功能性组织	● 专业分工 ● 沟通容易 ● 减少资源重复 ● 有经济规模效益	● 本位主义 ● 不了解其他部门 ● 不负最终结果的全责
事业部组织	● 负最终结果的全责 ● 容易协调不同专业的人员 ● 重视产出目标与顾客利益 ● 能培养高级干部	● 资源与活动重复 ● 专业化不足 ● 公司资源的竞争 ● 高层管理的控制薄弱

续表

	优点	缺点
矩阵式组织	● 有效利用公司资源 ● 增加组织的弹性 ● 同时提高整体与专业的管理 技能 ● 增加事业单位间的协调	● 命令指挥线的冲突与混淆 ● 沟通协调费时 ● 需要更多人际关系

三、正式化

组织的工作职权或工作关系，能用规章、制度、作业办法等明确规范的程度称之**正式化**。但是有些组织工作无法用正式规章办法规范，这部分称之**非正式化组织**，它包括人际关系、权力互动、人员信仰、工作意识、组织文化、非正式活动等，虽然它们很难被规范（正式化），却对组织绩效有很大影响。

Formalization

Informal organization

组织的价值与文化支配非正式组织，所谓**组织价值**是组织内每一成员信仰的真理与道德，它会表现在组织的行为上。所谓**组织文化**是组织内每一成员在解决问题时，所抱持的价值、信仰、看法，它们形成组织的一组假设与行为模式。

Organizational value

Organizational culture

组织文化是通过员工的学习、适应与改变而形成的，它能**协助**组织成员了解事件内涵，提供问题的解答，以引导特定行为；但是它同时会**限制**组织成员的视野、习惯，形成主观印象，而误导人的行为。

Facilitating

Limiting

总之，组织文化有显露于外的部分，如装饰与行为，也有隐藏于内的部分，即**价值**、**信仰**、**隐藏假设**。组织文化可分为三个层次[⑥]：

Schein（1985）

（1）**装饰与行为**：显露于外的文化，可以直接观察，但很难被理解。

Artifact and behavior

（2）**价值与信仰**：隐藏于内的文化，不能直接观察，但能从"观其行、听其言"中推断，能合理化组织行为。

Value and belief

（3）**隐藏假设**：隐藏于内的文化，被广泛接受的文化基础，但多数人并不自知。

Underlying assumption

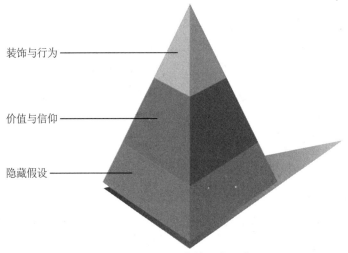

图 4-10　组织文化的三个层次

组织设计的权变模式

　　为了确保组织工作的有效执行，组织会采取机械式或机能式的设计模式，兹说明如下。

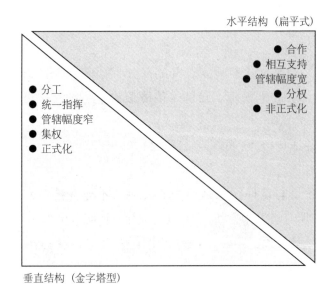

图 4-11　机械式与机能式组织设计模式

一、机械式

Mechanistic

机械式模式是根据科层组织的结构设计原则，采取高度集权化、部门化与正式化，因此形成统一指挥、分工细、管辖幅度小、层级多，此即金字塔型的**科层结构**。其设计原则如下：

Bureaucratic structure

● **分工**：将工作分割为数个简单、容易执行的作业，每个作业由专人负责，通过分工产生专业化效益，使资源做有效利用，也易于控制。

Division of labor

● **统一指挥**：每位下属只向一位主管报告，避免下属向多位主管报告，造成主管之间的权力冲突，导致组织命令系统混乱。

Unity of command

● **管辖幅度**：直接向一位主管报告的下属数目。管辖幅度越小，表示主管带领的下属人数越少，主管与下属之间的沟通互动就能增加。一般而言，工作的复杂度、任务的相似性、互赖性、工作标准化程度、下属能力、下属的自动自发程度都会影响管辖幅度的宽窄。

Span of control

二、机能式

Organic

机能式模式重视工作的整合、人员的自主，它主张高度分权化与非正式化，或者低度集权化和正式化。它反对工作过分细分或统一指挥，主张采取较大的管辖幅度，减少组织层级，缩减组织的正式化编制，权力下授，决策自主，不同单位的人员可以直接协调共事，组织使用较松弛的结构运作。

不同于机械式的**金字塔形组织**，机能式组织设计的结构较有弹性，它可能将组织扁平化，而成为**扁平式组织**；或者在正式组织结构上附加任务编组、委员会等协调机制；或者强调顾客服务价值，将组织倒转为**倒金字塔形组织**：或者精简内部组织，但强调与外部资源的整合与利用，而形成**网络组织**。

Pyramid organization
Flat organization

Inverted organization
Network organization

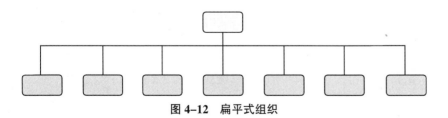

图 4-12　扁平式组织

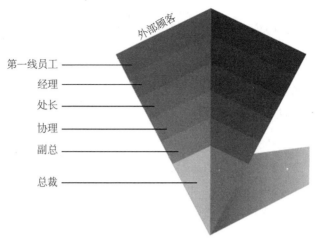

图 4-13 倒金字塔形组织

第一线员工
经理
处长
协理
副总
总裁
外部顾客

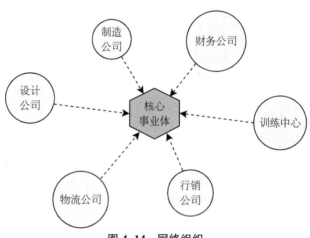

图 4-14 网络组织

组织在结构上应采取严谨或松弛的正式化、分权化、部门化设计，而形成机械式或机能式组织，必须考量：①环境。②规模。③工作技术等**情境变量**，此即组织设计的权变模式，说明如下[⑦]：

Contingency approach

三、环境

Environment

在稳定环境下，组织工作较不会有变动，各项作业可以明确制定，各部门的工作可以清楚区分，职位、职责可以严谨确定，组织结构最好采取高度正式化，决策集权化，减少不必要的自主协调与沟通，才能提升效率。所以，**机械式组织**设计适合于稳定的环境。

Static

如果环境不稳定，组织工作需要经常变动，各项作业就很难明确制定，职位、职责也很难严格划分，部门的工作必须经常重组，

108

组织很难采取固定的应对模式，必须随环境的变动做弹性且快速的调整。由于各部门自主应对的结果，组织趋于分权与分化，而要依赖非正式化协调与沟通来做跨部门的协调，以适应环境的变化。所以，机能式组织设计适合于**不稳定**的环境。

Dynamic
Fit

　　如图 4-16 列示环境的动荡与组织结构的**适配**关系，稳定环境与机械式组织形成适配关系，动态（不确定）环境与机能式组织形成适配关系[⑧]。

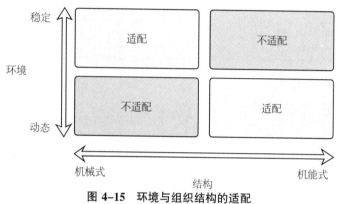

图 4-15　环境与组织结构的适配

四、规模

Size

　　组织规模可以用员工人数来表示，当组织业务单纯，雇用员工人数很少，工作不必明确划分，人员能够相互支持，组织可以借由非正式结构来运作。随着组织业务量增加，规模扩大，工作需要加以细分，而由不同人来担任。为了整合个人的工作，组织需要制定明确规范，借由正式化规章制度或更高阶的主管来协调，组织逐渐科层化，所以，随着规模的扩大，组织结构会越趋机械式。

五、工作技术

Job technology

　　将组织投入资源转化为产出的方法，称之工作技术。工作技术可以根据制造技术的复杂度分为[⑨]：

Woodward（1965）

　　● **小批量生产**（如客制化西装店）。

Small batch production

　　● **大量生产**（如汽车厂）。

Mass production

　　● **连续生产**（如化工厂）。

Continuous process production

　　小批量生产技术最简单，连续生产技术最复杂。组织会随着工作技术复杂度的增加，而趋于机械式结构，最后，又会因技术太过于复杂，而采用机能式组织如表 4-2 所示。

表 4-2　生产技术与组织结构之关系

	小数量生产	大量生产	连续生产
技术复杂度	低	中	高
组织架构	机能式	机械式	机能式
正式化	低	高	低
极权化	低	高	低
高层主管比率	低	中	高
间接/直接人工比率	1/9	1/4	1/1
管理组长的管辖幅度	23	48	15
书面沟通	低	高	低
口头沟通	高	低	高

工作设计

了解组织的结构设计后，接下来要讨论如何将人员安排进入组织的工作职位。

不管任何组织，有工作才有产出。组织设计在使工作有效完成，因此工作需要明确分析，妥善设计，制定出职能与内容。最后还要找到能胜任的人员，配置到适当的工作职位上，而成为组织的一员。良好的工作设计能使每一位员工各司其职、适才适所，与其他人一起努力，共同完成组织目标。

工作设计必须分析工作的特征并制定出规范，日后根据情况再做改变与设计，兹分别说明如下。

一、工作分析流程

Job analysis process

工作分析可由主管、工作人员、人事单位或外界专家顾问来进行，采取的方法包括观察、面谈、问卷调查等，它是人力资源规划的重要一环，用以作为招募、训练、升迁员工的参考，它也是工作设计与工作再设计的依据。

工作分析的流程为：①组织的全面了解。②进行分析。③编制工作说明书。④编制工作规范。说明如下：

图 4-16 工作分析流程

1. 组织的全面了解

利用"组织图"了解组织的部门化、分权化情形，知道人力的部署状况，同时了解组织的目标、策略与相关计划。

Understand overall organization

2. 进行分析

工作分析是定义与描述工作的责任、职权、绩效标准以及与其他工作的关系。分析时需要收集有关工作的资料，加以评估，并探究下列三个问题：

Conduct an analysis

● 该工作需要完成哪些活动？

● 执行这些活动需要哪些技能？

● 所需的工作条件是什么？

What activities are required in a job
What skills are needed to perform the activities
What are the working conditions of the job
Prepare a job description

3. 编制工作说明书

工作说明书是记载不同职位的人员应该做什么、如何做以及什么条件下应该做什么的管理文件。表 4-3 是"工作说明书"的一般格式，内容包括职称、主管、工作地点、工作关系、责任、职务、绩效标准、工作条件、所需的工具、设备、材料等。

4. 编制工作规范

制定胜任某一工作职位所需的技能与条件，又称**职位规范**。内容包括教育背景、特殊技能、过去经历、其他经历背景条件。

Prepare a job specification
Position specification

二、工作设计

Job design

工作设计是制定工作内容或项目，或者它在设计工作的广度与深度。**工作广度**是工作人员负责的工作项目多寡，负责的工作项目越多，工作广度就越高。**工作深度**是执行工作的自主裁量权大小，如果工作都由一个人自主决断，不需与他人商量，工作的深度就很高，工作内容非常丰富化①。所以：

Job range

Job depth

● **工作扩大化**：增加工作人员负责的工作项目。

Job enlargement

● **工作丰富化**：提高工作人员的自主裁量权，包括规划目标、设定品质、改变与学习工作内涵的要件等，这些工作都由工作者规划与主导。

Job enrichment

表 4-3　工作说明书

工作职称：仓管人员	工作代号：
日　　期：××年 11 月 15 日	工厂/分部：台北营业所
撰 稿 人：	等级：助理员
批 准 人：	试用期间：三个月
直属上司职称：仓库主任	薪金调整幅度：

摘要
协调与控制产品，不良品库存，包括收、发、存与正确的库存管理

工作职责
1. 货品维护及管理
2. 建立各类产品安全库存量，保持库存正确性
3. 缺项产品的维护与适时反应
4. 仓储规划及调节功能
5. 定期翻仓，注意先进先出的原则
6. 配拨货品的验收工作
7. 建立仓储成本观念
8. 仓库货品进出的管制
9. 仓储货品整理归类及退厂事宜
10. 盘点工作

雇用标准
各营业单位，仓管人员如有空缺时，由后勤主任报请总公司人事部门，并自招募，再行通知人事部门

责任
有效控制库存，配合业务单需要，以最适量、最正确的库存降低仓储成本及储运成本

绩效标准的判定
1. 每日作账，进出仓管制卡、库存日表
2. 配合需要，减少缺货或造成堆货
3. 每月盘点
4. 仓位的清洁与维护
5. 确实做到先进先出
6. 遇有差异立即查报

表 4-4　工作规范

A written explanation of skills, knowledge, abilities, and other characteristics needed to perform a job effectively

职　　务：事务开发经理		编号：	
部　　门：企划部			
制作人：	（签名：	）	日期：

教育背景：大学企管系

特殊技能
具新事业开发的分析能力。需要有成本会计、产业分析、营销管理、企业分析与诊断、技术管理等学科训练。

工作经验
至少有三年的民营事业单位的财务、营销或企划之工作经验。

其他必要背景条件
1. 熟练掌握运用英日文
2. 极佳的沟通能力
3. 具 Office 的操作能力
4. 仪表佳

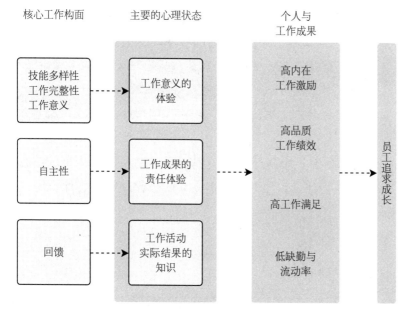

图 4-17 工作丰富化模式

Skill variety
Task identification
Task significance
Autonomy
Feedback

　　工作通过细分或整合，来设计或调整工作的广度或深度。一个极端的例子是工作高度细分，每人只负责一件简单工作，且只关注这件工作应符合的规范，不必考虑其他复杂的效果。这种工作的广度与深度都很小，它可以提高工作效率，并且便于管理控制，但人员的成就感不易获得满足，个人会过于关注自己的绩效，而牺牲组织整体的绩效。

　　工作设计不只要考虑**工作特性**，也要考虑人的需求与组织立场。工作扩大化（提高工作广度）可以增加工作的多样化，避免工作过于简单所带来的单调疲乏感，但是它未必能带给员工满足感。工作丰富化利用工作内涵、自主、回馈来增加工作人员的心理满足与成就感，带给员工成长需求的驱动力（工作意义、工作责任与知识），进而产生更好的工作效果（高度工作满足、高度品质绩效）。

Job characteristics

　　任何工作都会因为客观环境变化而无法保持它的有效性，工 作必须经常调整、再设计，才能不断给予员工更大的驱动力与满足感。

用人

　　通过组织设计与工作设计，组织还必须不断吸收、培育、保有

Personnel management
Human resource man-
agement（HRM）

优秀人才，使每个人能够人尽其才，胜任其职。过去"用人"是**人事管理**的领域，现在不称"人事管理"，改称**人力资源管理**，理由是：

● 它并非是人事管理经理的职责，而是每位经理的职责。

● 它将员工视为资产，是竞争优势的来源。

● 它是一种不断整合过程，是公司目标与个人需求不断整合的过程。

用人可以细分为人力企划、招募、甄选、训练与发展、绩效考核、酬劳与奖赏等六项，它涵盖人才的吸收、培育、保有等三大功能。

Attract an effective
workforce
Develop an effective
workforce
Maintain an effective
workforce

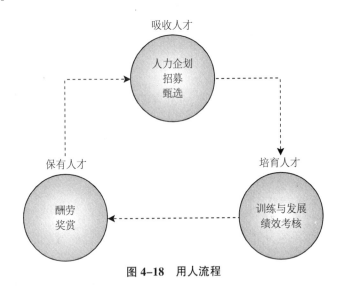

图 4-18 用人流程

HR planning

一、人力企划

人力企划是根据组织的发展目标，确定并且评估目前和未来的人力需求，亦即根据组织的人力需求进行分析，评估目前的人力是否足够支应未来需要，以决定各部门需要部署多少人力，是否要补充新血。

"工作分析与设计"提供人力需求分析的基础，组织应该定期从事工作分析与设计，了解工作职位的设计和每个单位内部及相互间的工作关系。进行人员招募之前，必须先仔细分析现有人员的工作状况，找出员工知识和技能的不足处，同时加强训练，避免员工知识和技能的过时落伍。

二、招募

招募是吸引优秀人才来申请人才甄选活动的过程。在事求人的人力市场，会有很多潜在的人选，但未必能合乎组织的选才要求。也有很多人才无法获知**工作空缺**的信息，以致无法来参加甄选。招募使这些人知道组织在寻才，希望他们前来应征。招募有两种方式：内部招募与外部招募。

1. 内部招募

从组织内部甄选人才，方式有公开与不公开两种，各有利弊。一般而言，如果甄选对象是一般人才，组织会制定明确的甄选办法，采用公开招募；如果甄选对象是某些特定人才，则采用较不公开方式招募。

内部招募能激励员工士气，节省招募成本，可以避免人员适应的问题，缺点是组织趋于封闭，拒绝外界更多优良人才来参加甄选，重要职位由内部老臣占据或掌控，不利于组织日后的发展。

2. 外部招募

从组织外部甄选人才，有的通过**员工推荐**，或外界人士推荐，有的到校园征才，或通过人力中介公司，或媒体广告征才。

外部招募人才的成本较高，而且新进人员有适应问题。如果高层主管由外部招募，等同阻碍内部人事的升迁，而打击内部士气。优点是能够吸收外界优良人才，吸引新血带给组织新陈代谢的机会。

三、甄选

甄选是挑选最合适的应征者，并决定雇用，它包括一系列筛选步骤：初步筛选、测验、面谈、背景调查、雇用等。甄选从初步筛选开始，它根据工作说明书，先淘汰不合要求的应征者，然后通知其余的应征者面谈、做测验，客观评估其能力。在决定雇用前，还要查证其他客观来源的资料，进行最后调查。

图 4-19 甄选步骤

甄选作业最困难的两件工作是：①能力和个性评鉴。②探测候

Recruitment

Job vacancy

Internal recruitment

External recruitment
Employee referral

Selection

Initial screening
Testing
Interviews
Background investigation
Hiring

选人未来工作适应力。根据外来应征者的履历资料，经过面谈或性向测验，是否足以判定他们是最佳的雇用人选，涉及甄选的效度与信度。许多理想人才的条件，例如领导能力、主动、工作热忱，很难明确定义，也无法衡量，造成应征者所描述的条件资料会有效度问题。为了解决这一问题，使用"评估中心"来甄选新进员工，不失为好方法。

Assessment center

管理小辞典
评估中心

使用"评估中心"甄选新进员工，特别用于甄选重要管理干部。在甄选之前，人事单位会准备一系列情境，要求应征者仿真情境，进行角色扮演，当场提出各种情境的解决对策，借此观察应征者的做事态度与分析问题和解题能力。

In-basket simulation

公司通常将应征者集合起来，一起接受评估，以节省人力，同时观察应征者之间的互动。其中一项评估方式是**公文处理仿真**，要求应征者扮演主管，在规定时间之内处理桌上放置的公文，借此观察应征者的处事风格与领导能力。

评估中心的效果非常好，但甄选过程相当费时，通常需要数天来进行，且必须要有专家参与评估甄选，相当耗费甄选成本。

Training and development

四、训练与发展

训练是帮助员工获取某一工作职位的技术，使他有能力胜任其职；发展是帮助员工具有担任未来职务的技能。理论上，主管应该担负员工的训练和发展责任，但有许多组织设立专门的训练和发展部门，为员工提供训练和发展的机会。

Orientation

新人的训练应从第一天上班开始，最好安排一个**始业式**，向新人介绍组织的政策、概况、工作规范、工作环境、福利政策，也让组织其他人员认识新人，以利日后的相处与共事。

On-the-job-training

训练和发展未必要员工挪出工作时间来实施，许多组织通过**在职训练**来增进员工的工作技能。为了让员工吸收外界新知识，很多组织聘请外界专家或顾问，专门指导或传授某些特殊技能。

无可置疑的，训练和发展对开发内部人才、提升人力水准有很大的助益，它不仅帮助个人发现自我潜力，更能培养员工应付未来工作变化的技能，形塑对组织有利的价值观。

五、绩效考核　　　　　　　　　　　　　　Performance appraisal

绩效考核是用绩效标准来评定员工的工作表现，也就是一般熟悉的"打考绩"，它定期由主管针对下属的表现进行考核。表 4-5 是常用的年终绩效考核表，主管根据表列的考核项目评估下属的表现，打出考绩。绩效考核表的项目大致分两类：①客观的业绩或行为表现，例如业绩、请假时数、组织改善提案数。②主观的印象观感，例如主管对下属在技能进步、组织忠诚等方面的表现加以评估。

表 4-5　绩效考核表

考核项目	等级									分数
	特 优		甚 佳			尚 可		欠 佳		
工作绩效	+4 ☐	+3 ☐	+2 ☐	+1 ☐	0 ☐	−1 ☐	−2 ☐	−3 ☐	−4 ☐	−2
企划能力	+4 ☐	+3 ☐	+2 ☐	+1 ☐	0 ☐	−1 ☐	−2 ☐	−3 ☐	−4 ☐	+4
领导能力	+4 ☐	+3 ☐	+2 ☐	+1 ☐	0 ☐	−1 ☐	−2 ☐	−3 ☐	−4 ☐	−2
品德操守	+4 ☐	+3 ☐	+2 ☐	+1 ☐	0 ☐	−1 ☐	−2 ☐	−3 ☐	−4 ☐	+3
协调合作	+4 ☐	+3 ☐	+2 ☐	+1 ☐	0 ☐	−1 ☐	−2 ☐	−3 ☐	−4 ☐	−1
人际关系	+4 ☐	+3 ☐	+2 ☐	+1 ☐	0 ☐	−1 ☐	−2 ☐	−3 ☐	−4 ☐	+2
总　分										+8

绩效考核常发生以下问题：

（1）下属的绩效考核评估常受主管主观偏好的影响，失去考核的客观性，容易对被考核者（下属）产生不利的结果。

（2）考核以个人表现为主，但影响个人表现的因素常操控在别人手中（尤其是主管手中）。换言之，下属无法有良好绩效表现常是其他无法控制的因素造成的，但绩效考核却要求下属负责，显然不公平。

（3）许多绩效考核的项目和员工的工作表现无关，无法直接考核员工对组织价值的实际贡献。

（4）绩效考核常用于奖金、薪资报酬的调整，容易引起员工的不安。

六、酬劳与奖赏

组织利用各种**酬劳**与**奖赏**来酬谢员工的绩效表现，这些酬谢有薪资、奖赏以及称赞、升迁等。

酬劳是组织为员工提供的劳务所给付的报酬，它有三个部分：

● **薪资**：按件或计时所得的金钱酬劳。

● **福利**：除了金钱酬劳外，雇主额外提供的服务，包括保险、休假等。

● **津贴**：除正常酬劳外，另外给予主管或特定职位者额外的酬劳。

奖赏是针对员工的特定绩效贡献提供额外的金钱或奖品，它通常在固定营业周期结束后以**红利**方式一次给付。奖赏是针对员工短期的绩效表现，有些公司以发放股票方式作为奖励，除了鼓励员工为短期目标努力外，也考虑到公司长期的发展目标。

称赞与**升迁**属于非金钱性奖赏，是很常用的方法，效果也很显著。

 辩证

由于社会的变迁与科技的进步，组织、工作与用人的实务方法不断在变革，组织的传统观念也不断被挑战。许多学者提出不同于传统的组织观念，它们反对组织以"职权"或"结构"作为建构的基础。

组织就是"指挥结构"？

以"职权"为基础的组织是建立于指挥概念上的，所以，职权的结构形成组织的骨架、血管与神经，它是组织的一切，这一观念必须理清。

组织结构设计强调将工作切割为许多专业功能，而由功能性部门来执行任务，并产生绩效价值。

通过分工，组织整体目标必须切割成个别单位或个人的子目标，这些个别子目标必须清楚定义，并通过命令与指挥系统向下传达。当个别目标完成后，个别工作成果会通过组织结构，整合为组织最终的绩效成果。

这一理论的重点是：组织结构的功能在分化或切割工作，个人工作成果再通过命令与指挥系统整合；换言之，结构本身即在传输"分"与"合"的指令。所以"结构"是组织的骨架、血管与神经。

虽然组织结构在执行"分化"功能，但在整合方面，组织结构常存在很多协调障碍，而使指挥系统在整合上发生失败，需要靠其他机制来强化，这些机制是①：

● **增加协调机会**：通过信息在组织内部做垂直与水平的流动，增加各单位的沟通，强化各平行阶层、各单位人员直接的联系与协调。一旦发现各种机会与问题，不必往上层沟通，彼此相互照会，直接处理解决。

Galbraith（1974）
Increase the opportunities for coordination

● **减少协调需要**：提供**松散性资源**（例如增加预算、增加库存）或另建独立单位，使各单位不必依赖其他单位的支持而能独立完成目标。

Decrease the necessities of coordination
Slack resources

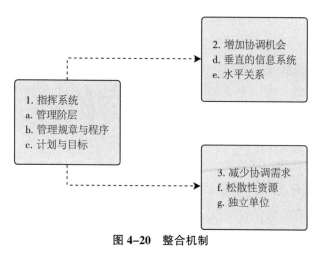

图4-20　整合机制

颠覆组织

组织理论关注组织中职位与职位的工作关系设计，并用职权结构连接工作关系，组织循结构网络进行分工与整合。但是，建基于分工、阶层、部门化的结构系统，很难执行有效的工作协调，它们甚至会限制部门间的合作，阻碍组织绩效的实现。有些学者举出许多"组织结构无效论"的例证，例如[12]：

Peters（1992）

● 麦肯锡顾问公司调查三十八家采用先进技术的企业，结论是采取先进生产技术程序的第一步是将现场的中级经理与幕僚服务人员全部裁撤，因为他们是改革的阻碍者。

● 美国平均一名经理人员管理十名下属，日本公司的比率是一比一百到两百。

● 管理干部将时间精力放在斗争，而不放在开创，沟通开会的目的主要在确保自己的业务领域不被侵犯。

● 赚钱公司与亏钱公司的比较，前者的组织阶层要比后者少3.9级。

组织是没有结构的，而且也必须没有结构，"没有结构是唯一最有效的组织结构"，有效的组织结构是："创造各种单位去设法 接近市场，它的单位要小到能够很快转换重心，以求生存。"[13]

这样的组织不能是"金字塔"结构：笨重、陡峭、静止，组织不能讲究分工、纪律，不能计较"权""责"相符，不能区分主从，而是变动的，能随时拆解的，视需要能迅速重建的，大家一起动手的。这样的组织必须松散、弹性，除了定义所要完成的工作外，组织中没有职责是明确的。大部分的任务指派无法写在工作说明书上，也不是经由主管指派或公文传递，而是通过人际关系网络（不管正式、非正式）以及口耳相传来下达。

组织如果要讲究分工，只能区分三类职务[14]：

Implementer

● **工作者**（实际工作的人）。

Leader

● **领导者**（负责将工作分配与整合的人，可能没有特定职位或职称，却是很重要的角色）。

Project manager

● **项目经理**（有正式职称，随着项目的开始与结束而存在）。

这三种职务随时在调整，这三种职务可能由同一个人担任，可能分由不同人担任，个人的角色与职务经常变化，目的只在完成任务。

过度分化正是组织的失败

传统组织要求效率，因而将工作细分，切割成简单而机械化的工作，交由一群人（执行者）去做，然后再由一群人（管理者）监控，以确保工作能被有效地执行，结果是[15]：

● 个人的工作变简单了，但整体工作却变复杂；这是人人插一手，却各做各的事造成的结果。

● 每个人只做自己的工作，不关心别人的工作，所以要有另外的"第三者"负责工作与工作的沟通协调，才能确保工作能产生最终的预期成果。"第三者"不断涉入，使原本简单的工作变得更复杂。

● 每个人只是作业流程中的零件，没有人了解整个作业流程，也没有人对最终的绩效结果负责，每个人都有份，但没有人负全责，久而久之，本位主义泛滥。

● 本位主义造成组织僵化，负起工作责任就会侵犯别人的工作，导致冲突。

● 扼杀员工的积极性与创造力。

Hammer & Champy (1993)

流程改造式的组织设计

用分工观念来设计组织结构是不正确的，应该改用**流程**观念；如果组织已经建立稳固的分工化结构，需要再用"流程改造"重组组织结构，这是**流程改造**的组织设计。为了创造企业具突破性的价值，改造不只是工作的重新设计，它是一种组织改造。

用"流程"观念来设计组织结构，必须将流程视为创造价值的过程。流程通过人、工人与程序组合而成，它由数个工作组成，将投入转化为特定产出，目的是服务特定的一群顾客，流程改造是为了创造组织最大的价值。

流程改造式的组织设计，原则为：

● 思考公司能产生价值的改造点，这项改造点必须具有突破性、开创性，而且能整合成一个完整任务，创造公司最大价值。

Process

Reengineering

● 将组织视为价值输送给顾客的水平流程系统，各部门的分化只是名目的，实质的价值创造不能区分单位或部门，各部门必须做水平的结合，共同为创造最大价值而努力。

A net of processes

● 避免将价值创造的流程切割为片段、零散的单元，不将组织视为受高层指挥的垂直功能系统，而视为一组能被确认控制、改造的**流程网**，组织的决策不以主管为中心，而是以顾客为依据，所有流程都在为顾客创造价值。

Functional activity
Type of work

● 管理者必须确认组织创造价值活动的流程，这些流程除了用组织内部各**功能活动**来描述外，也用**工作类型**来描述。但重点是：各部门的资源都要以流程为导向，且在价值创造的前提下加以结合，减少不必要的组织规范与限制。

流程改造最重要的原则是在明确而清楚地辨识与了解流程[16]，许多企业进行流程改造，常因不清楚组织的价值目标，不了解流程的本质，没有对流程做更高层次的理解，而造成流程改造的失败。成功的流程改造必须参照以下五大原则来进行工作设计[17]：

Hammer and Stanton (1994)

（1）将被分割的工作，重新整合成一个完整任务，交由一个人独立处理。

（2）授权员工自行处理，不必层层报备、协调。

（3）工作同步进行，不必要求按部就班。

（4）多样化流程，不要将所有流程都"标准化"。

（5）要超越组织界限来完成工作。

组织的最后结构：团队

流程改造后的组织会呈现何种结构？唯一的答案可能是：组织将是许多团队组成，每一团队的人数大多在 10 个人左右，这些团队由流程加以"串联"，形成**流程式组织结构**。

Organizing around process

换言之，流程式结构是由许多自给自足、一贯作业、多功能、完全负责、自我管理的团队组成，团队间的工作是以流程为重心，每个团队都在努力促使价值从流程渠道传输出去。这些流程包括产品开发、商品配送、接单服务等。每一种流程都有明确的目标，例如订出明确的产品开发周期时间、商品配送时间与成本、订单处理效率等。

这种**以团队为基础的结构**⑱，没有阶层，不须指令，经理人必
须全程与成员共事，彼此坦诚沟通，以流程为重，不以功能做区分，
成员不时在训练、成长，而奖赏报酬是以团队为单位，不以个人为
单位。

Team-based structure

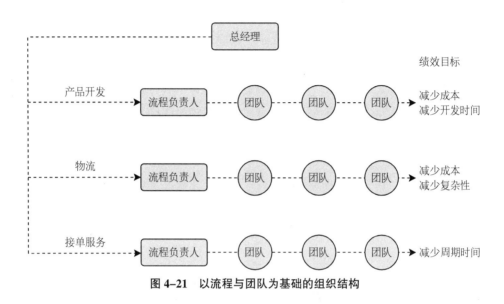

图 4-21　以流程与团队为基础的组织结构

组织转型

当组织逐渐转化为流程式结构时，流程的机能将使员工不必依
赖来自高层管理人员的管理而能自发工作，为组织目标奉献心力，
这些团队乃是自主的经济个体。如此，高层领导人的角色与功能必
须转变，他们不再直接干预或管理下属，他们将重心放在组织整体
目标上，不断关注并投注未来更高价值目标的构思与创造。

一个分化的大型科层组织，经过改造，转型到流程式结构，大
致会经历三个阶段：

● 第一阶段是**大型科层组织**，以分权、部门化、正式化的方式
架构整体组织。

Empowerment

● 第二阶段是**价值共同体**：组织以愿景、价值、**促使掌权**的方
式在营运。

● 第三阶段是**多元经济个体**：组织内部发展很多具内部创业能

力的独立个体，在核心团队的领导下运作。

绩效评估的盲点

绩效评估是实务上很重要的管理制度，美国**通用电器公司**长时期研究公司的绩效评估制度，发现传统绩效评估方法多数达不到有效"用人"的目的，它对员工产生很多负面影响，其结论是：

- 批评对目标的实现有负面影响。
- 赞美无济于事，目标明确才能改善绩效。
- 严格批评造成防卫与保守，产生拙劣绩效。
- 主管要经常教导下属，不要一年才评估或告诫一次。
- 共同设定目标远比批评更能改善绩效。
- 绩效评估不要与加薪和升迁一并考虑。
- 下属参与目标设定能改善绩效。

 实例验证

1. 请深入了解都可茶饮的任何一家门市店，列举其中一项业务的工作设计流程。

2. 依据图 4-1 都可茶饮的组织图，请解说组织图上各部门间的职位关系，进而说明它的组织结构设计的分工、部门化、正式化。

3. 请依据图 4-1 都可茶饮的组织图，说明哪些部门拥有"直线职权"，哪些部门拥有"幕僚职权"。

4. 请问都可茶饮（台湾地区）总部总经理如何管辖公司在大陆地区设置六个"区域总部"的业务？哪些业务他应该授权给"区域总部"的主管负责？哪些业务他必须亲自负责？

5. 请从总公司的立场说明都可茶饮采用哪一种组织设计？采用此一组织设计的考虑条件是什么？

6. 依据图 4-1 都可茶饮的组织图架构，请为大陆地区每个"区域总部"绘制各别的组织图。

7. 依据图 4-1 都可茶饮的组织图架构，该公司设置多少"区域总部"之组织单位？各"区域总部"之间应该如何协调？"（台湾地区）总部"应如何确保各"区域总部"管辖的每一门市店都能符合总部的规范要求？

8. 请深入了解都可茶饮的任何一位"地区城授权"加盟主，他/她如何从"区域总部"或"（台湾地区）总部"取得协助或支持？

第五章 领 导

学习目标 研读本章之后，您将能够：

1. 认识领导与管理的关系

2. 认识领导的三大理论

3. 认识激励的三大理论

4. 认识沟通的障碍以及组织沟通的方式

5. 认识各种情境下最佳的领导、激励与沟通方式

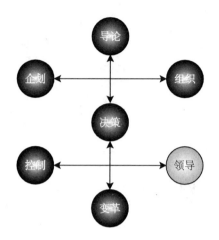

个案：Zappos.com

理论

领导与管理

　　一、管理职权与领导能力

　　二、权力的种类

　　三、领导者类型

领导理论

　　一、特质理论

　　二、行为理论

　　三、权变理论

激励

　　一、内容模式

　　二、过程模式

　　三、强化模式

沟通

　　一、沟通渠道

　　二、组织沟通

　　三、改善沟通效能

辩证

领导的替代性

天生领袖不存在

领导与职位权力的关系

领导者对组织绩效的贡献

实例验证

个案
Zappos.com

　　某一天，员工挤爆执行长办公室，喧嚣闹声响彻云霄，他们来目睹执行长搞笑：当众剃光头，并拍录所有过程送上网，供同仁观赏。

　　这是一家雇有一万多名员工，年营业额超过10亿美元，总部在赌城拉斯维加斯的网络公司 Zappos.com，执行长谢家华（Tony Hsieh），台湾第二代移民，哈佛大学毕业，美国《财星》杂志选出40岁以下全球年轻富豪，排名第27位，2010年获得"50杰出亚裔企业家"顶峰奖。

　　类似的搞笑节目，天天在公司上演，它是 Zappos 的企业文化，谢家华的创业理念：员工在工作中表现自我真实个性，同时传送快乐（Delivering Happiness），产生价值，创造获利。

　　Zappos 成立于2000年网络泡沫之前（1999年），是一家销售各品牌鞋子的网络公司，经营采取类似亚马逊网络书店的模式，顾客下单，订单转交鞋厂出货，公司没有存货，轻松获利。

　　实际营运后，才发现网络卖鞋困难重重。首先，鞋厂不愿与网络鞋店合作，Zappos 找不到可靠货源。在很少寄卖的鞋款中，动辄断货，因为鞋厂只供应过季产品，存货出清后 Zappos 就无货可卖。更严重的是，很多知名网络公司、百货公司、鞋厂等纷纷架设网站，进军网络鞋店，与这些网络公司相较，Zappos 毫无成本或商品优势。

　　然而，这些困难没有打败谢家华，反而让他利用创业理念（传送快乐）来解决困难，逐步打造 Zappos 独特优势。

　　当时只有26岁的谢家华，却有十多年创业经历，刚结束一家以两亿多美元卖给微软的 LinkExchange 网络公司的经营，他分到巨额财富（约2000万美元），所以，当 Zappos 面临困境而赔钱时，谢家华不断增资，让公司有足够资金后援，实现他要追求的快乐理念。

　　为了和众多街头鞋店或购物网站竞争，谢家华把消费者的购鞋感受优先摆在第一位，疯狂投入研究与改造购鞋流程的每一细节，投资先进仓储设备，尽力把所有顾客服务项目做到完美，让顾客从网络上订购的每一双鞋子最后都换得一声"WOW!"的惊喜。

　　"WOW!"的超值服务包括：网络订货后，一天之内收到鞋子，一年内免付运费和无偿退货[①]，有问题找 Zappos 线上行销人员，保证得到耐心解答与体贴服务，如果顾客买不到所要的鞋子，还会帮顾客找货，直到买到为止，这是一般公司做不到的服务，谢家华却不计成本投入。他挑选个性外向、思想开放、具有创造力的人，亲自领导，灌输他们传送让人产生"WOW!"服务（Deliver WOW Through Service，公司文化第一条）的信念，让他们真心做好顾客服务工作。

　　为了雇用有"WOW!"表现的员工，尤其线上行销人员，公司订出一套独特找人方法，应征者必须评价自己多会搞怪，分数从 1 到 10，公司雇用自评 7 分或 8 分的人。公司绝对不雇用不会搞怪的人，但太会搞怪（自己打 10 分）的人，公司也不会录用（因为他可能不太正常）。此外，新进员工培训最后一天，公司会提供 3000 美元给任何不想来上班的人，以测试新进员工的热忱。不会为 3000 美元而选择离开，才是公司真正要找的人。

正式雇用后，新进员工立即融入 Zappos 的企业文化，无时无刻不在接受别人传送来的快乐文化，谢家华通过出书②、经营博客、玩 twitter，与员工搞笑、共事，分享 "WOW!"。在潜移默化中，员工学会主动拥抱并驱动改变（Embrace and Drive Change，公司文化第二条），以及学会制造乐趣与些微叛逆（Create Fun and A Little Weirdness，公司文化第三条）。很快地，新进员工成为快乐文化的制造者，不管在公司的文化形式或传送渠道，大家都勇于改变，勇于创新，不断优化 "WOW!" 的服务内涵。

传送快乐成为 Zappos 的特殊经营模式，它不仅用在销售鞋子方面，也应用在其他创新服务方面。Zappos Insights 是前几年开发的 "WOW!" 服务，它源于某次来宾参访公司总部，参观路线上，一组员工先以敲锣欢迎，另一组员工随之吹奏牛角响应，相互制造欢乐气氛，来宾感受到不可思议的 "WOW!"。这样精彩参访激发员工创意，有人建议将它设计为两天研习课程，招收来自全世界各地学员，让他们研习 Zappos 文化，体验员工一边玩乐一边工作传送快乐的上班场景，课程收费 5000 美元（15 万元台币）。

这提案被采纳，谢家华还扩张产品线，推出不同课程套餐，满足不同学习需求③。这一不务正业的 "副业" 为 Zappos 带来可观利润（因为几乎不花成本）。也许不久，Zappos 的企业文化会媲美太阳马戏团，成为赌城吸引观光客参访的重要景点。

2012 年 6 月，谢家华宣布公司将参与老赌城的城市再造，有效结合赌城的都市资源，建设 Zappos 的企业园区，如果这一梦想成真，老赌城可能是一座新的迪士尼乐园，这种创新真够 "WOW!"。

创新、改变的企业文化是 Zappos 业绩成长动力，为公司带来每年营业额翻倍的增长。2009 年，网络零售巨擘亚马逊公司看中它的潜力，以 12 亿美元的价格并购，谢家华仍然担任执行长。2011 年，Zappos 名列《财富》杂志美国百佳雇主排行榜的第六名。

2010 年中国台湾媒体发现这位杰出台湾省企业家，越洋到公司总部采访谢家华时，采访话题起先围绕在他的身价与财富成就，他立即露出厌恶，一度拒绝采访。直到记者谈到他热心追求的快乐、友谊等价值观后，他才愿意谈自己的奋斗人生。这位身价惊人的年轻执行长，只领 36000 美元年薪，偏爱黑色 T 恤，只拥有一套西装，五双鞋子（虽然自己在卖鞋）。他不重视物质享受，认为唯有快乐与拥有很多真心朋友，才是成就。

理论

影响他人完成工作的过程称为**领导**。领导可以**直接**运用对人的影响力（例如，直接指挥某人）来完成工作，也可以**间接**运用对人的影响力（例如，打造独特的企业文化）。谢家华在创办 Zappos 的过程采用很多对人的影响力，他也建立了一套独特的企业文化，让每位员工乐于在公司上班工作。不管运用何种影响力，都需要通过沟通来发挥。本章除了介绍领导的理论与风格外，也包括激励与沟通，后两者是领导技能最具体的表现。

以下将依序介绍领导的一般概念，然后讨论**激励**，最后讨论**沟通**。

Influence
Leading

Motivation
Communication

领导与管理

管理可以分为"做事"与"做人"两部分，前者为狭义的"管理"，后者则是"领导"。两者都是完成目标所不可缺少的要素：

● "管理"着重事情的完成。

● "领导"着重对人的影响。

换言之，管理有两种意义：狭义的管理只涉及"做事"的管理活动（例如企划、组织、控制），而不涉及"人"的领导；广义的管理涵盖对做事者（执行者）的个别性影响。由于人际的互动非常复杂，每个人不是只有赋予目标、做事准则，他就能按照规定完成组织目标，经理人还要借助自身特有的"权力"来影响他人，才能督促个人完成任务。但狭义的管理模式中，隐含**管理的权力**（称为职权或职位权）来自组织的任命与组织结构的关系，只要组织赋予某人某一职位，他就拥有某一权力而能影响某些人，他不需强化个人化的领导风格，实际的管理并没有如此简单。

Management power

以下尝试将领导从"做事"的管理独立出来，然后将以"做人"为主的领导分为三个主题：①管理职权与领导能力。②权力的种类。③领导者类型等，讨论领导与管理的关系，从而深入认识领导的内涵。

一、管理职权与领导能力

经理人必须运用自身的权力来影响下属完成任务，但经理人的权力未必全靠组织赋予，有部分的权力来自他个人的特质、价值观、生涯目标等，这些个人条件会产生影响他人的力量，它们是组织较难规范、无法直接投资建立的部分，它是经理人先天的特质结合后天的修炼所形成的能力，称为**领导能力**。

Leadership power

领导能力依附于经理人，而不依附于组织。不同经理人在同一职位上会有不同的表现，全赖于个人领导能力的差别。许多美国管理 学者认为美国企业有过度管理、领导不足的缺憾④，实务上也发现"做事"的管理与"做人"的领导，有极大的不同。如表 5-1 所示从 12 项层面比较"管理者"与"领导者"的差异⑤，看出两者几乎截然不同。在第三章"企划"曾提到"管理"在协调各种对抗力量，使各种价值观的冲突获得妥协，以产生各方可以接受的解决之道。而"领导"的层次更高，它在提出更高层次的价值，营造整体的价值观，让每一分子都能发挥才能，创造让各方都满意的结果，而不是被迫接受妥协而已。

表 5-1　管理者与领导者的差异

	管理者	领导者
工作模式	用脑	用心
追求重心	短期绩效	长期使命与哲学理想
工作重点	计划、控制	组织、激励
主要职责	现状成长	促进变革
权力来源	职位权力	个人权力
影响他人的方式	通过意见一致	通过精神鼓励与激励
沟通	由上往下	由下往上
自我的意象	组织资源的分配者	组织使命的代表者
能力的重心	以专业技能与人际技能为主	以人际技能与观念技术为主
领导心态	守成	创造
思考方式	分析	创新
行为作风	独断	开明

Stabilizing
Initiate change
Position power
Personal power

Tough-minded
Inspiring

二、权力的种类

经理人具备的影响力会随着他个人在组织的层级地位、领导的下属对象以及组织特性而有所不同。组织虽赋予经理人职权，但他如何因时、因地、因人而发挥不同的影响力，组织无法全部规范，必须靠个人灵活运用，它与个人如何认知本身所具有的权力内涵以及如何善用不同权力的特质有密切关系。个人的权力有以下五种如图 5-1 所示：

● **奖赏权**：能够给予他人想要的报偿，以换取他人合作的权力。　　Reward power

● **强制权**：能够给予他人惩罚，以对抗他人不合作的权力，此一惩罚能让人心存害怕，而想避免。　　Coercive power

● **法定权**：依组织规则行使的职权，用以引导、激励、监控下属以及下决策的权力。　　Legitimate power

● **参照权**：因个人魅力与特质，使人佩服、尊敬、认同，进而愿意跟从所产生的权力。　　Referent power

● **专家权**：由专业知识而来的权力，使人愿意接受其建议与指挥。　　Expert power

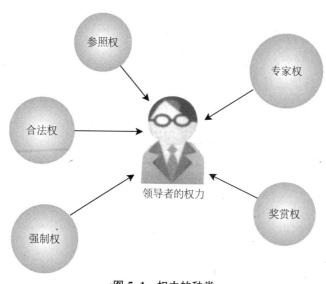

图 5-1　权力的种类

组织的职位赋予经理人的权力（职位权）主要是前三种权力（奖赏权、强制权、法定权），经理人个人具有的权力主要是后两者的个人权（参照权与专家权），但参照权与专家权也能加入奖赏权

133

与强制权的操作，通过经理人的个人特质或资源，影响下属。如果经理人只会运用组织的职位赋予他的权力（职位权），而不会运用个人具有的权力，他只是"管理者"，而不是表 5-1 所称的"领导者"。

三、领导者类型

"管理者"与"领导者"的差别如表 5-1 所示，实务上又将领导者分为很多类型，了解各种领导类型，有助于洞悉领导对管理所扮演的功能角色以及它对管理的重要性，以下介绍五种领导者类型，这五种领导者类型各有不同的形成背景与适用情境，下节的领导理论可以接续解释它们的形成背景与适用情境。

Transactional leader

（1）**交易型领导者**：领导者根据职位规范执行所要求的管理功能，就像**交易**一样扮演该扮演的角色：理清下属应做的工作、激活工作结构、提供合理报偿、体恤下属、满足下属需求。他们尽责地做好每一项管理功能：企划、组织、激励、控制等，使所经手的工作都能顺利有效运作，他们通常都很卖力工作、忍辱负重、没有私心。

Charismatic leader

（2）**魅力型领导者**[6]：靠个人魅力而不靠职权或管理技能，就能激励下属工作、完成目标，这些魅力来自能给予追随者美好的远景、能充分信任**追随者**，而且获得追随者的信任回报。他们能给予追随者特殊的**精神感召**，例如对未来的愿景，并充分传达此一愿景给追随者，使他们相信，并愿意实践。

Followers

Emotional impact

Transformational leader

（3）**转型领导者**[7]：转型领导者激活组织变革，所凭借的不是交易型领导所运用的规则、程序、报酬、控制，而是建立组织愿景、共享价值、理念等无形价质，对组织进行改造，改变组织的结构、任务、资源配置，**使组织再生**。

Revitalization

Interactive leader

（4）**互动型领导者**：互动型领导者不是通过操弄权力的领导，而是通过与追随者的互动，将对方的感觉融入，建立共识，使工作团队充满参与、合群、体恤的气氛，强调通过组织目标的实现才能实现个人目标。

Servant leader

（5）**仆役型领导者**[8]：一种由下到上的领导，从体恤追随者的需求开始，认为工作是为了培养员工而存在，与"员工为工作而存在"一样重要。他们激励追随者有更高的工作动机，并将这份动机带到组织的任务与目的上，因此，一方面让追随者实践个人目标，一方面也实现组织目标。

领导理论

领导有三种理论：特质理论、行为理论与权变理论，兹说明如下。

一、特质理论

Trait approach

早期的领导理论认为领导者是天生的，必须具有凡人所没有的人格、智能与特质，这些特质包括聪明、魄力、自信、高大、英俊、口才流畅等，它们都是受人喜爱，人人都想拥有的特质以及从这特质所表现的技能如表 5-2 所示。但是，这些特质同时也会出现在失败的领导者身上，所以，它们不具普遍性，忽略领导者的行为与情境因素。

表 5-2 领导者的特质与技巧

特 质	技 能
适应环境	聪明
对环境的敏锐性	观念技能
雄心与成就导向	创意
坚决	讲究手段
合群	语言流畅
有主张	深懂团队工作
可依赖	组织力
主宰力	有说服力
精力过人	社交能力
坚持	
自信	
能忍受压力	
能负责任	

如果领导者的特质是天生的，表示领导者无法通过后天学习来养成，实务上栽培领导者的努力都是白费心力，这种特质理论违反常理。新近的特质理论着重经理人可以自我学习、组织可以加以辅导培养的领导特质，例如华伦·班尼斯提出的**基本领导要素**，如表 5-3 所示[9]。特质理论能协助经理人衡量自己的领导潜能，检视自己是否具备了这些领导的特质、属性、潜力与要素，达到自我学习、培养优秀领导特质的目的。

Basic ingredient lead-ership Warren Bennis (1994)

表 5-3 领导基本要素

基本要素	意 义
领导远见	对自己所做的事有一个非常明确的想法——无论是在专业上或个人的事务方面——并且还要有面对挫折的勇气与毅力，即使是失败了也不灰心。
热情	对生命的许诺拥有基本的热情，这当中包括对于工作、专业与行动的特别热忱，并热爱你所从事的每一件事。
正直	正直源于自知、公正与成熟，了解自己的强弱处与优缺点，忠于自己所立下的原则，并且从经验中得知该如何与人学习，与人一起工作。
信任	能赢得人们的信任。
好奇心	对每一件事深感好奇，并且尽可能地学习。
勇敢	愿意去冒险，实验，并尝试新的事物。

Guiding vision

Passion

Integrity

Trust

Curiosity

Daring

特质理论常以个案故事来描述领导特质所适用的情境，它提出更积极的指导原则，让经理人知道某些特质在某些情况下能产生更好的管理绩效。如果经理人能善用自己的个人特质与情境条件，若有不足，则不断精练改进自我特质，如此，特质理论亦不失为很有用的理论[10]。

二、行为理论

Behavioral approach

领导不管是外表还是内在赢得人们喜欢的特质，它更是行为的表现，在特定情境下经理人采取如何对待下属的行为。不管经理人有多优秀的特质，能让下属感受，且愿意在工作上追求更好的表现，才是领导。

Leadership style

领导行为表现统称**领导风格**，它有很多观察构面，最常用的是"独裁—民主"**单构面**模式，其次是"以员工为导向"和"以工作为导向"的**双构面**模式，分别解说如下。

1."独裁—民主"风格[11]

Tannenbaum & Schmidt (1973)

以经理人做决策的集权与分权来区分的领导风格，将权力集中度划在一条连续线上，最左边代表高度集权，称为**独裁型领导**，最右边代表高度分权，称为**民主型领导**。

Autocratic leadership

Democratic leadership

● 独裁型领导：经理人独自做决策，过程中不与下属商讨，决策的过程以主管为中心。

● 民主型领导：经理人授权下属做决策，决策过程以下属为中心，主管完全尊重下属的决定。

经理人的领导风格会落在"独裁—民主"连续线的某一点，偏向独裁型领导的经理人要求下属按照自己的决策指令工作，而不会关注下属，领导他们完成任务目标。如果经理人想关注下属，必须强化领导技巧，使领导风格偏向"民主型领导"。

图 5-2　"独裁—民主"领导风格

2. 双构面的领导风格

领导过程中，经理人通过与下属的引导与互动完成工作。他一方面设计结构、定义工作，一方面与下属沟通，建立关系，他的行为可以用"工作"与"员工"双构面来描述，这是美国俄亥俄州立大学学者提出的双构面领导模式，经理人的领导行为分别表现在工作中心与员工中心双构面的连续线上[12]。

Ohio State Studies

● **工作中心**：经理人的领导行为完全以工作为中心，不理会其他行为要素，它的另一端是完全不以工作为重心。以工作为中心的行为表现在规范主管与下属的工作角色、激活相关行动、定义工作内容，这种行为称之**激活结构**，指经理人重视建立有效做事体系（结构）的行为。

Job-centered

Initiating structure

● **员工中心**：经理人的领导行为完全以员工为中心，它的另一端是完全不以员工为中心。以员工为中心的行为表现在经理人对团队成员表现温暖、友善，努力营造互信、开放与开明的行事风格，这种行为称为**体恤**，它着重于以关系为导向，讲究人与人之间的关怀。

Employee-centered

Consideration

 管理小辞典

管理风格

经理人采取独裁或民主的领导风格主要源自于他们对人性的不同假设，基本上，他们对下属工作有两种态度、两种假设[13]。

X 理论

1. 人天生就不喜欢工作，可能的话，人尽量避免工作。

2. 人喜欢被指挥，希望避免责任，没有什么野心，希望安全。

McGregor（1960）
Theory X

3. 因为不喜欢工作的特性，多数人应该以强迫、控制、指导及惩罚的威胁，促使他们努力，以实现目标。

Y 理论

1. 工作一如游乐与休息，人并非天生不喜欢工作。工作或引起满足，使人自愿工作；或引起痛苦，使人避免工作，视情况而定。

2. 外来的控制与处罚的威胁，并非是使人工作的唯一方法。人懂得自我指导与控制，以实现所承诺的目标。

3. 在适当的情况下，人不仅学习接受责任，更寻求责任。避免责任，缺乏雄心，着重安全，常由经验所造成，而非人的天性。

4. 人对目标承诺的程度，视实现目标所得的报酬而定。一般人都有运用想象力、创造与解决问题的能力。

Theory Y

上述两种层面，分别都有高低程度，形成如图 5-3 所示四种不同的领导风格：

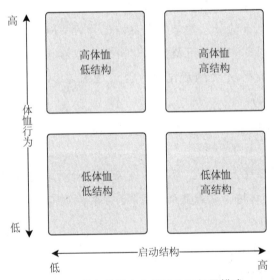

图 5-3　俄亥俄州立大学双构面领导模式

（1）高激活结构导向、高体恤导向。

（2）高激活结构导向、低体恤导向。

（3）低激活结构导向、高体恤导向。

（4）低激活结构导向、低体恤导向。

最理想的领导风格应属于"高激活结构导向、高体恤导向"，最差的领导风格应属于"低激活结构导向、低体恤导向",其余两种领导风格各有利弊,它们会偏向以工作为重或以员工为重,无法两者兼具。

3. 领导方格

德州大学的学者另外提出与工作中心和员工中心双构面类似的领导方格模式[14],他们提出衡量经理人**对生产的关心**与**对人员的关心**的量表,以"对生产的关心度"为 X 轴、"对人的关心度"为 Y 轴,两条轴线各有九点量表,称为**领导方格**。根据量表上的分数,定义出五种领导风格(见图5-4):

Blake & Mouton (1985)
Concern for production
Concern for people
Leadership grid

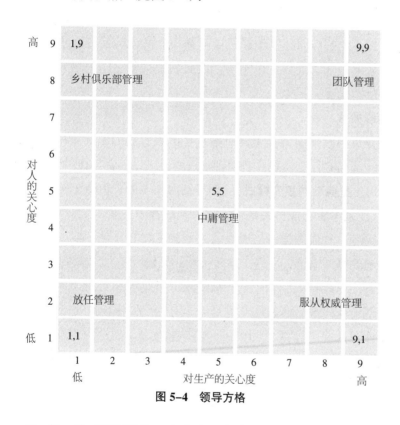

图 5-4 领导方格

● (9,9)**团队管理**:同时关心生产与人员,员工有高度的应许,愿意一起合作完成工作,大家在共同利益的互动下,互相尊重与信任,建立团队整体目标。

Team management

● (1,9)**乡村俱乐部管理**:偏向于关注员工需求的满足,建立一个亲和、安逸的环境与组织气氛,并不关心生产绩效。

Country club management

● (5,5)**中庸管理**:同时关心生产绩效与员工需求满足,但都只表现适度中庸而已,没有全力以赴。

Middle-of-the-road management

Authority-compliance

● (9，1) **服从权威管理**：着重关心生产绩效，并不关心员工需求满足，要求员工服从权威，一切以工作有效完成为前提。

Impoverished manage-ment

● (1，1) **放任管理**：在维系人员感情下，花最少的心力完成工作。

领导方格能测量经理人的领导风格类型，然后协助经理人改善自身的领导风格，或者强化关心生产绩效，或者强化关心员工需求满足，或者两者并重，最后成为"团队管理"的领导者。

Contingency approach

三、权变理论

领导必须视各种客观情况调整领导风格，领导行为必须因情境而异，不同的组织、工作、领导对象（下属）对应的领导行为所产生的效果也随之而异。以下介绍两种权变理论：①情境模式。②路径—目的模式。

Situational model

1. 情境模式

针对不同情境调整领导风格，会产生有效的领导效果，以下介绍两种著名的权变模式：费德勒的权变模式、荷赛与布兰查模式。

Fiedler's contingency model
Leader-member relation

（1）**费德勒的权变模式**[15]：领导情境由以下三项要素构成：

1）**领导者与成员关系**：下属对领导者的态度，以及下属接受领导的程度，构成领导者与成员的关系，良好的领导者与成员的关系是有利的管理情境，反之，则是不利的情境。

Task structure

2）**工作结构**：任何工作的目标、作业程序会有不同程度的明确、例行化水准，高工作结构是工作有明确目标与作业方式，反之，低工作结构是工作缺乏明确目标与作业规范。高工作结构是**有利的管理情境**，反之，低工作结构是**不利的情境**。

Favorable situation
Unfavorable situation
Position power

3）**职位权力**：不同职位会赋予领导者不同程度的职权，以权力的强弱表示，拥有强势职位权力表示领导有很多奖赏、升迁、调整工作的权力，对领导者越为有利；反之，拥有弱势职位权力对领导者越为不利。

如图 5-5 所示描述三项情境要素对领导者有利与不利之下能产生良好绩效的领导风格。如果三项情境要素都处于有利，亦即领导者面对：有良好的领导者与成员关系、高工作结构、强势职位权力，称之对领导者最有利的情境，此种情境下，采取工作导向的领导风格会有良好绩效。

若三项情境要素中只有一项，转为不利，其余两项仍维持有利，整体情境还是对领导者有利，采取**工作导向**的领导风格会有好的绩效；但随着更多情境要素转为对领导者不利时，他必须采取**人际导向**的领导风格来激励下属，以减少不利情境要素的影响，才会有良好绩效。如果三个情境要素都变成不利时，这是最不利的领导情境，人际导向的领导风格不会产生良好绩效，领导者又要回来采用**工作导向**的领导风格，才会有良好绩效。

Task-oriented

People-oriented

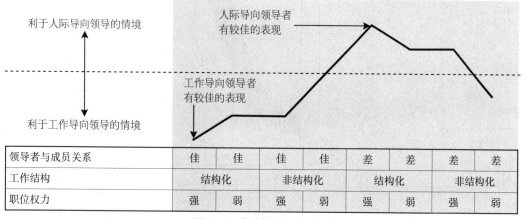

图 5-5　费德勒的权变模式

（2）**荷赛与布兰查模式**[16]：费德勒的领导权变理论虽提及下属的情况会影响领导风格，但并未注意到下属行为的成长与改变。事实上，下属在工作职位上，随着时间推延会对工作越为熟练，他与领导者之间的关系也会改变，两者之间未必要保持固定的关系，特别是领导者对下属的指导关系必须做改变。下属对工作的熟练程度，称为**准备水准**：

Hersey-Blanchard contingency model

Level of readiness

1）低度准备水准：下属缺乏技能、训练以及对情境的了解。

2）高度准备水准：下属具备完整的技能、信心，对情境能充分了解。

如图 5-6 所示表示领导者与下属准备水准的关系，横轴从右到左代表下属的准备水准由低到高，纵轴从下到上代表领导者与下属的关系程度由低到高。随着下属准备水准的增加，表示领导者对下属的指导程度可以逐渐减少，领导者和下属的关系会发生变化，领导者必须改变领导风格，此种改变沿着图上钟乳型曲线调整，分为四种领导风格：

Telling, directing

Selling, coaching

Participating, supporting

Delegating

● **教导**（S1）：提供明确指导，密切控管下属绩效。

● **推销**（S2）：解释做决策的背后理由，倾听下属的感受与意见。

● **参与**（S3）：共享构想与理念，帮助做决策。

● **授权**（S4）：交付做决策与执行的权力。

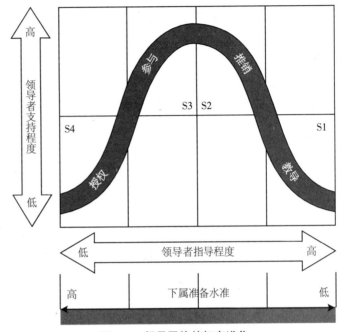

图 5-6　领导风格的权变进化

Maturity level

　　下属的准备水准又称为**成熟水准**，当下属的成熟水准很低时，采用"教导"来领导下属；成熟水准增加时，领导应该改变为"推销"；再提升时，主管就应改采用"参与"，放手让下属去尝试完成，但从旁协助。最后，若下属能够独当一面（很高的成熟水准），主管可以交付权力，采用"授权"。

Path-goal model

2. 路径—目的模式[17]

　　任何领导都不能忽略组织所要完成的目标以及下属个人的目标，因此领导必须：借助目标来激励下属、理清完成目标的路径。为此，领导者必须协助下属建立明确目标和工作路径，使他们做事更有效率。整个领导过程中，领导者必须掌握两类情境要素：

　　1）下属的情境要素：下属的能力、能控制目标完成的程度、想接受别人指导的意愿、对目标与报酬的价值等。

　　2）工作的情境要素：工作结构、正式职权与工作团队的状况。

如图 5-7 所示，领导者的不同领导风格，在不同的情境要素下，会对下属产生特定的影响。领导者的领导风格包括：

● **指导型领导**：明确指示下属该做哪些事、示范如何做、告诉下属组织的目标与期望。

Directive leadership

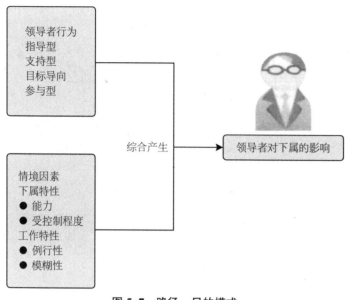

图 5-7　路径—目的模式

● **支持型领导**：以友善、亲和的态度关心员工，提供各项帮助，满足员工需要。

Supportive leadership

● **成就导向型领导**：设定具体的挑战目标，要求下属有较高的表现水准，激励他们持续改进。

Achievement-oriented leadership

● **参与型领导**：决策过程邀请下属参与，征求下属意见，采纳他们提供的建议。

Participative leadership

路径—目的模式，如图 5-8 所示，列出以下四种情境及其对应的有效领导风格[18]，促使下属更努力工作，提高他们的满足感与工作绩效。

Yukl（1981）

● 下属缺乏自信时，采用**支持型领导**，增加下属完成工作的自信。

● 工作不明确时，采用**指导型领导**，理清实现报酬的路径。

● 工作缺乏挑战时，采用**成就导向型领导**，为下属设定更高的目标。

● 报酬不当时，采用**参与型领导**，与下属分享决策权力，让下属从学习成长中获得其他无形的报酬。

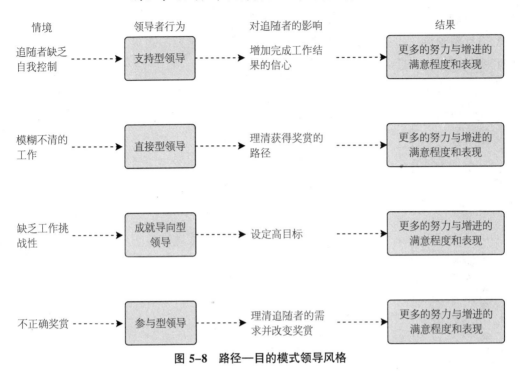

图 5-8　路径—目的模式领导风格

激励

　　领导的重点在促使他人工作，让他们乐于工作，乐于学习，也乐于负责，进而产生良好绩效。在这过程中领导者必须采取某些"刺激"下属的方法，这个刺激过程就是激励。

　　激励是很具体的领导行为，它通过了解下属工作的动机、需要并且加以引导，使下属产生特定行为，达到领导者要求的目标。所谓"引导"就是针对下属的需要，通过奖惩手段，对下属产生某种影响力。领导是激励的模式可以分为三类：①内容模式。②过程模式。③强化模式。兹介绍如下。

一、内容模式

　　所谓"内容"是能给予人满足的东西，这些东西能刺激与满足人的需求，进而将他的需求转化为内在驱力。管理上常利用组织的报偿系统激励员工某些特定行为，但究竟哪些报偿对哪些员工会产生激励效果，需要领导者加以判断。因此，激励必须了解人的需求，知道这些需求在一个人内心世界的运作，从而设计出相对应的激励系统。以下介绍两种理论：①需求层次理论。②两因素理论。

Hierarchy of needs
Maslow（1943）

1. 需求阶层理论[19]

人有很多需求，它们按照需求的物质化程度由高到低排列，而呈现某种由低到高的层次。最低层是物质层级需求，最高层是精神层级的需求，其排列为：生理需求、安全需求、社会需求、自尊需求、自我实现需求。

● **生理需求**：人类对物质的最基本需求，包括水、食物、空气以及衣食住行等。

Physiological needs

● **安全需求**：免于遭受物质匮乏的恐惧，包括免于遭受暴力、混乱的威胁等。

Safety needs

● **社会需求**：希望被接纳、认可、获取友谊、成为社会团体一员的需求。

Social needs

● **自尊需求**：能够被别人注意、欣赏，从而获取正面形象的需求。

Esteem needs

● **自我实现需求**：能够增进技能、实现一般能力所不及的成就需求。

Self-actualization needs

激励是以满足人的需求为诱因，激发他产生追求工作绩效的动力。但是当一个人的某种需求已获得满足，这一满足就不构成追求

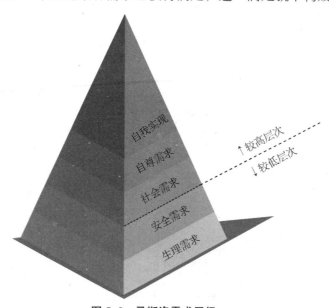

图 5-9　马斯洛需求层级

的诱因，也就是不产生"激励"效果，必须往更高层的需求做"激励"才会有诱因。一般而言，人的需求满足从低层开始，低层需求未获满足，不会产生高层需求，所以运用高层需求的激励并没有意义。但是，一旦低层需求获得满足，低层需求的满足就不构成追求诱因，必须另外找出更高层需求才会成为激励的动力。所以，当某种激励缺乏效果，大都表示这一低层需求已获满足，必须找出更高层的需求进行激励。

Two-factor theory
Herzberg（1968）

2. 两因素理论[20]

根据"需求层次理论"，激励乃是"增加"需求的满足，这是比较狭隘的看法。换作另一面："减少"需求的不满足，也是一种激励，这是"两因素理论"的重点：有些需求的增加不会有激励效果，有些需求的减少不会有惩罚（负面激励）效果。

Satisfaction

Dissatisfaction

人的需求中，有些需求已获得**满足**，有些则没有，未获满足的需求，有时并不是**没有需求**，而是**不满足**的需求，只要减少不满足，也会有激励效果。所以，领导者运用激励时，必须辨别哪些需求在增加满足时，会产生激励效果，哪些不会；或者哪些需求在减少满足时，不会产生负面的激励效果，哪些会。

两因素理论将需求满足分为两因素：激励因素与保健因素，它们分别提供不同的激励功能：

Motivators

1）**激励因素：增加**满足能产生激励作用的因素；但是如果不增加满足，却不会产生不满足的现象，它只表现"没有满足"。这些因素包括成就、认可、工作本身、责任、进步、成长等，给予这些因素能使员工增加满足，更愿意积极工作；如果缺乏这些因素，员工不会感到不满足，不会有惩罚（负面激励）效果。

Hygiene factors

2）**保健因素：减少**不满足能产生激励作用的因素；但是如果不减少不满足，不满足会持续存在。这些因素包括公司政策与管理、

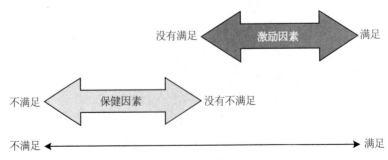

图 5-10　两因素理论

监督、工作条件、薪水、同事关系、个人生活、下属关系、地位、安全等，给予这些因素能"减少"员工的不满足，但不会让他们感到满足。

二、过程模式

Process model

激励不是单向、固定地给予满足，而是一种过程，亦即，激励过程中，激励的效果会随着下属对激励报偿的理解与目标实现的掌握而产生变化。激励必须根据过程中可能产生的变化来运用，有关的理论包括：①期望理论。②公平理论。

1. 期望理论[20]

Expectancy model
Vroom (1964)

当领导者给予下属一项激励，下属对这项激励会产生以下判断或期望：

● 努力能实现目标的期望。

● 实现目标能获得报偿的期望。

● 激励报偿的满足（这一报偿能带来多少满足?）。

激励的效果取决于上述期望与判断，亦即：当"努力能实现目标"与"实现目标能获得报偿"的期望越大，以及"激励报偿的满足"越大，激励力量就会越大，两者具有相乘效果，这个关系可以用下面公式表达：

激励力量＝期望×价值当量

期望理论的公式指出，下属会产生努力行动的激励力量来自他对行动能获得结果的可能值（期望）、行动结果的预期价值，两者的乘积。如果其中有一项为零，另一项的数值再大，也不会对他个人产生激励力量。如果两项数值都增加，激励力量会呈倍数增加；反之，如果两项数值都减少，激励力量会呈倍数减少。兹将两项数值说明如下：

● **期望**：下属相信他的某种行动会导致某种结果的程度，这是行动与结果之间关联的期望。组织中，努力能否产生结果，并不是下属能够单独控制的，它会受组织许多因素的影响。例如，努力推销产品未必能接获客户订单，因为这一努力还要取决于公司产品是否具有竞争力，并不是下属很努力就可以获得订单；此外，如果他个人希望通过好的业绩成果来获得升迁，这一结果是由主管决定，这整个过程中结果的实现常充满不确定性。

Expectancy

Valence

● **价值当量：**下属对于某种结果之报偿的喜好强度，价值当量因个人的经验和价值观而异。举例来说，下属认为晋升对他很重要，他对晋升会有很高的价值当量，反之，他对加薪不感兴趣，加薪的价值当量是"零"。

根据期望理论，激励下属应采取的原则是：

（1）增加努力行动会实现报偿结果的预期，亦即加强工作和报偿结果的连接，减少两者的不确定。这些激励工作是管理者责无旁贷的，他必须清楚定义组织中的职责和责任，设计合理的薪资或奖赏制度，通过沟通，使下属确信努力会有回报。当员工对他的努力结果有较高的预期，他的努力意愿也会较高，反之则否。

（2）给予下属价值当量最高的报偿，亦即针对下属价值当量最高的报酬予以激励。管理者想改变下属的价值当量可能比较困难，但是，他必须了解下属的需求，知道他们对激励报酬的喜好强度。

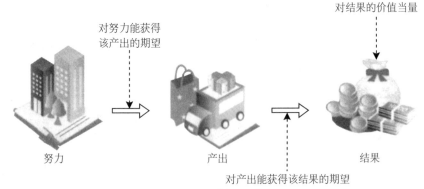

对结果的价值当量

对努力能获得
该产出的期望

努力　　　　　　　产出　　　　　　　结果

对产出能获得该结果的期望

图 5-11　期望理论

Equity theory
Adams（1963）

2. 公平理论[22]

多数激励理论都假设下属的需求或预期是独立的，不受其他同事的影响。事实上，下属对他努力工作所获得的报酬会与其他人比

Compare

较，**比较**就会产生公平的问题。从领导者角度来看，所提供再好的激励报酬，一旦让下属感到自己的工作努力与所得的报酬，没有被

How fairly employees are
treated relative to others

公平对待时，他所获得的报酬常不足以构成对他的激励。下属会对他的不公平待遇采取以下因应对策，而将他的"工作投入—报偿"调整到他自认的公平水准：

Change input

● **改变投入量：**降低工作努力的程度。

Change outcome

● **改变报酬：**要求提高报酬。

● **改变比较基准**：与其他不同的同事比较，降低比较标准。

Change criteria

● **合理化**：接纳不公平对待，或视不公平为短暂的，未来可以获得改善。

Change comparison

● **离开**：辞掉工作，离开受不公平对待的环境。

Leave the job

所以，激励不是指针对某一位下属采取的诱因，经理人必须考虑是否有偏袒或歧视某些个人或团体的情形。想要维持一个良好工作团队，让下属觉得被公平对待很重要，领导者必须在下属间，保持一个公平的工作指派和奖赏，任何赏罚制度必须明确沟通，确使下属认为他们的努力与回报之间是公开、公正的。经理人必须认识到：公平的激励赏罚可以激励下属努力，不公平的激励赏罚会破坏组织的工作关系，使激励产生其他副作用。

图5-12 公平赏罚=激励

三、强化模式[23]

Reinforcement model

每一种行为都会有特定结果，运用结果来激励（或禁止）行为，就是强化（或反强化）。当人的行为得到他想要的结果，这一行为会被强化，进而形成惯性；反之，如果没有得到想要的结果，这一行为会逐渐淡忘，而没有被强化。如果人的行为得到他不想要的结果，等同这一行为被惩罚，最后它会停止或改除。

Skinner（1953）

强化理论说明每个人都有他**想要**与**不想要**（厌恶）的结果，如果他表现某一行为，立即**给**他想要的结果，这一行为就会被**强化**；立即**给**他不想要的结果，就是**惩罚**这一行为。强化会鼓励这一行为，惩罚会改除这一行为。

Reinforcement

Punishment

Extinction

Negative reinforcement

但是，如果他想要与不想要的结果，都**不给**，情形会如何呢？不给他想要的结果，叫做**消灭**；至于**不给**他不想要的结果，形同"鼓励"这一行为，称之**负强化**。消灭会"淡忘"这一行为，负强化等同鼓励这一行为。

经理人运用强化理论来操作两种武器：鼓励与改除。不管正负的强化都是对行为的鼓励，消灭与惩罚是对行为的改除。

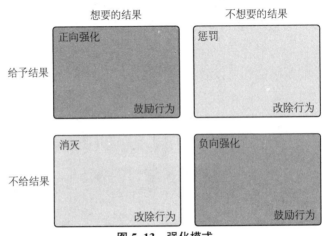

图 5-13　强化模式

管理小辞典
激励循环图

　　当经理人为下属制定工作上应该遵守的行为准则，他们还需要亲自监管下属是否遵守这些准则，并且帮助下属导正行为。运用强化理论来激励或导正下属的行为，以落实工作上应该遵守的准则，是相当普遍且有效的激励方法，实务上很容易操作，而且立即能产生经理人要求的效果。

Praise
Blame

　　强化理论最基本的两项技巧是：**赞美与责备**。经理人应该学习使用，视下属的行为表现与需求，随时使用。一般而言，下属很期望被主管赞美（想要），不喜欢被责备（不想要），主管必须充分了解下属需求，然后对下属表现的行为立即予以赞美或责备。

　　图 5-14 的"激励循环图"是经理人运用强化理论来激励或导正下属行为的过程[24]。首先，他必须设定明确目标，并清楚地让下属了解他所要求的目标。然后要不断检视下属执行目标的行为过程是否符合目标规范。

如果下属的行为符合目标规范（**做对**），主管必须给予赞美，这些赞美必须：

● 坦诚

● 立即

● 具体

● 传达主管的愉悦感受

● 鼓励再接再厉

如果下属的行为不符合目标规范（**做错**），主管必须给予责备，这些责备必须：

● 爱之深、责之切

● 立即

● 具体

● 传达主管的不高兴感受

● 提醒你对他的器重

● 忘掉这回事

"激励循环图"提供很有效的激励做法，因为它掌握以下激励原则：

● 了解下属需要：设身处地

● 清楚定义工作目标，并让下属了解

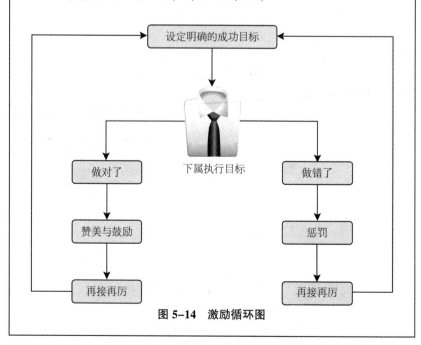

图 5-14 激励循环图

- 恩威并施（有赞美，也有责备）
- 信任下属，帮助下属成长
- 循序渐进（从设定容易实现的目标开始）

沟通

领导与激励都必须通过沟通来达成。沟通是向有关人士传达或交换信息的过程，目的在影响某些行为。管理者无时无刻不在沟通，不管是领导或是激励，想影响他人必须通过沟通，让下属了解主管的要求与期望，才能达成主管要求。许多管理任务之所以无法达成，并非决策错误，而是沟通不当的结果。

沟通过程如图 5-15 所示，当**传送者**想要传达某些意向信息，必须先将这信息**编码**，将意向转变成可以传送的**信号**，透过适当的**管道**或**媒介**，传送给**接收者**；接收者收到沟通信息，再**解码**，转译成他能解读的信号，再将此一解读**回馈**给传送者，以确认信号的有效传送。以下讨论：①沟通管道。②组织沟通。③改善沟通效能等主题。

Sender
Encoding
Code
Channel
Medium
Receiver
Decoding
Feedback

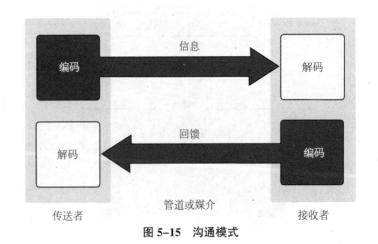

图 5-15　沟通模式

一、沟通管道

沟通分为**单向沟通**与**双向沟通**两种：

152

● **单向沟通**：以传送者为主，单向向他人传送信息，不考虑接收者的理解或回馈。 　　One-way communication

● **双向沟通**：传送者与接收者双方共同交换信息、共享信息。 　　Two-way communication

沟通信号可以分为**语言**与**非语言**两种，语言信号又分为口语和文件两种，所以，总共有三种沟通信号：

● **口语沟通**：包括面对面谈话、会议、口头报告、电话。 　　Verbal

● **文件沟通**：公文、信件、备忘录、书面报告、刊物、布告。 　　Document

● **非语言沟通**：身体语言、影视图像、现场体验。 　　Nonverbal

各种沟通信号所负载的信息量不同，此称为**信息丰富度**，沟通应该视**问题的复杂度**决定应采用的沟通信号，其原则是：对简单或例行的问题，沟通双方已有相当的认识，沟通的信息丰富度较低，使用文件沟通即可；反之，对复杂的问题，沟通双方都不明确，沟通的信息丰富度较高，必须使用口语沟通。 　　Information richness　　Complexity of problem

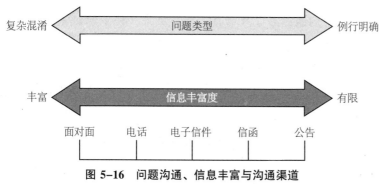

图 5-16　问题沟通、信息丰富与沟通渠道

很多沟通的信息常被接收者被误解，无法有效传达沟通信息，管理者应了解造成**沟通障碍**的原因，并加以克服，有关的沟通障碍如下： 　　Barriers to communication

● **选择性注意**：接收者只注意感兴趣的信息，忽略其他重点。 　　Selective attention

● **信息过分负载**：信息量超过接收者所能处理的负荷。 　　Information overload

● **参考框架的差异**：由于文化、教育、生活背景的不同，形成接收者特殊理解事物的参考框架，因而对信息的理解有刻板印象，无法完全接收信息内容。 　　Frame of reference difference

● **职位的差异**：职位阶层不同，获取信息来源不同，各有立场，诠释信息的角度不同，甚至会过滤信息，扭曲真相。 　　Status difference

● **聆听技巧贫乏**：无法专心聆听对方的信息，不能听出信息的 　　Poor listening skill

真正意义。

二、组织沟通

　　任何组织都具有让组织成员有效沟通的机制，以减少个别成员沟通的不当或困难，避免沟通信息无法传送或被误解。组织沟通有两种方式：①**正式沟通**：因循组织层级结构的沟通。②**非正式沟通**：利用非正式团体的沟通。

Formal communication
Informal communication

　　正式沟通是根据组织层级或部门的分工所建立的报告系统，它依循组织的指挥系统或各部门的协调系统而建立，而分为以下四种：

　　● **往下沟通**：利用组织职权的从属关系，从高层往下传递信息，以面对面的互动方式最为普遍，主管向下属下达需要完成何种工作、如何完成、何时完成等指令，下属必须具有良好的倾听技巧，才能有效沟通。此外，文件沟通，包括公文、备忘录、也是常见的往下沟通工具。

Downward communication

　　● **往上沟通**：为了鼓励员工参与决策，许多组织建立员工正式的往上沟通管道，包括直接向上级报告、签呈、定期报表、意见箱、抱怨处理、特定会议等。

Upward communication

　　● **平行沟通**：相同阶层跨单位同事交换信息，包括协调会议、幕僚咨商、公文会签等。

Horizontal communication

　　● **网络沟通**：跨阶层与单位针对某一主题交换信息，常利用电子网络沟通。

Network communication

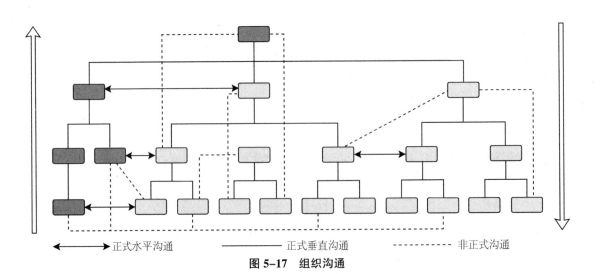

图 5-17　组织沟通

非正式沟通是组织内个人通过其人际关系或各种场合，在正式沟通渠道外，将信息以往上、往下、水平以及斜向方式传递。通常组织会有管理者无法直接掌控的非正式沟通渠道，它是一种**葡萄藤**式的沟通网，且是**传言**消息的传输渠道。当事件发生，而正式沟通管道缺乏时，各种传言会因之而起，特别在组织面临变革、情况不确定时，许多组织成员喜欢从非正式沟通渠道传送或接收信息。

Grapevine

Rumor

三、改善沟通效能

管理人员除了要了解组织的沟通方式以及沟通的障碍外，更需要改善沟通，提高组织的沟通效能。特别是碰到复杂问题的沟通时，经理人更应该借助多元的沟通信号或渠道来传达，除了采用文件沟通外，也要安排面对面的口语沟通，而在口语沟通中还要善用非语言沟通。

不管电子媒体如何发达，面对面的口语沟通还是最基本的沟通工具。这一沟通并不完全借助口才的表达，非语言沟通也非常重要。除了语言的表达外，沟通双方都要注意一些发自内心的信号，这些信号可以从身体语言中观察，例如眼光注视对象、声音语调、服装衣着、脸部表情等⑥。

Genard（2007）

由于面对面接触沟通时会产生许多丰富信息，经理人更要注意自己的说话内容以外的身体语言，是否能恰如其分地表达沟通内容，应该运用哪些动作来辅助语言表达，如何表达真诚、认真、期许，这些都是很重要的沟通技巧，经理人应该不断磨炼学习。此外，经理人还要注意以下改善沟通的方法：

● 决策尽量公开参与。

● 加强绩效回馈。

Performance feedback

● 使用先进信息科技，善用电子邮件、博客、网站来分享资讯。

● 增进员工沟通技能，特别是聆听技巧。

 辩证

管理者使用领导理论与方法会影响管理目标的实现，因此领导理论常被挑战其有效性。下面我们针对领导的替代性、存在性与贡献提出辩证。

领导的替代性

Substitute

Neutralize

领导的权变理论强调领导风格、下属特性与情境特性之间的 组配，而且有一最有效的最佳组配，此一理论正隐含领导可以被**替代**或被**中和**（**中性化**），从而使领导不重要，甚至不被需要。

经理人为了完成任务，必须对他人有所要求，必须能将组织目标或个人意愿"强制"加于他人之上，不管他是利用组织内部的情境变量（工作设计、下属关系），还是个人手腕的运用。

如果组织设计良好，每一个人都适才适所，经理人可以少用**领导**，多用**管理**。因此，领导与管理是相互替代的，经理人少"用脑"（管理），只好多"用心"（领导）；同样地，如果多用脑，就可以少用心。

例如，公司采用具有专业知识，又很清楚知道工作如何完成的下属，根本不需要主管运用领导来告诉下属如何做事，而在公司 招聘时，能找到这样专业尽责的员工（这是纯粹的做事型管理），就能够替代经理人的领导风格。

同样地，即使经理人善于领导，精通各种领导技能，组织有许多情境变量能够抵消他的领导风格的效果，或者让他的领导方式无法发挥。最简单的方法是职位调离，或者下属阳奉阴违，这些方法都会使领导技能无法发挥，英雄无用武之地。

Kerr & Jermier（1976）

Subordinate characteristics

Task characteristics

Organization characteristics

以下三类是能取代或中和领导的要素[26]：

● **下属特性**：包括下属的能力、经验、训练、专业导向、对报酬的计较重视程度。

● **工作特性**：工作的结构、例行性、回馈性、内涵的满足性。

● **组织特性**：工作团队的团结性、职位阶层（低层职位者较无法发挥领导）、正式化程度（文件规章）、弹性、领导者与下属办公地点隔离的情况。

天生领袖不存在

彼得·德鲁克根本否认有领导特质的说法，他认为所谓"天生领袖人物"根本不存在，不值得花心思去探讨。他认为领导可以通过**学习**获得；他强烈反对所谓的**领导性格**、**领导风格**及**领袖魅力**等说法。

Drucker（1994）

Leadership personality
Leadership style

彼得·德鲁克直接透视领导者的内心世界，他认为成功的领导者在他们心目中都很清楚四件事[20]：

- 不管扮演什么角色，除非有追随者，才算是"领导者"。

- 领导者并不需要受爱戴或**受仰慕**，受欢迎不是领导才能，能引导追随者做正确的事，才是真正的领导才能，领导者的表现是以所完成的成果来评判的。

Be admired

- 领导人物常是聚光灯下的焦点，因此他们也在树立典范。

- 领导并非指阶级、特权、头衔或金钱，它应该是**责任**。

Responsibility

彼得·德鲁克认为领导者的行为有下列共同点：

- 懂得问核心问题；他们不会问"我要"、"我喜欢"，而是问"什么是必须要做的"，然后问"我能做些什么，好让事情做得更好"。他们会持续问："公司（或组织）的使命和目标是什么？""什么构成公司的业绩表现和现有的一切？"

- 对多样化的绝对包容，不刻意寻找与自己相类似的人，不担心工作伙伴的能力比自己强，不断赞扬工作伙伴。

- 不断自省、自我检测，问"我是否正是追随者所要成为的、所尊敬的、所敬仰的人？"他能抵挡诱惑，不是只做一些"受人欢迎"的事，没有做"对的事"。

领导与职位权力的关系

理论或案例上所讨论的领导，都隐含一个假设：领导伴随职位权力，换言之，从组织架构讨论领导，领导就是职位，领导风格就是权力的操弄，只有上层的人有资格"领导"。

许多人虽然不在其位，他们没有职位权力，但他们依然在组织上有影响力，他们对人的影响力甚至超过在职位上的经理人。传统上将领导风格技巧和职位画上等号，表示领导是高层管理的特权，下属是上司操弄领导的对象，因此，领导理论本身即隐含贬抑下属或追随者的论证，再说得直接一点，上述的领导风格本身都不足称为"领导"。

例如，"权变理论"正好作为高层管理者任意选择领导风格的借口，不管他们如何宣称"员工就是我们最重要的资产"，不管他们如何体恤或关怀员工，这些做法都是他们贪婪地扩张权力，凸显他们在组织的不可摇撼地位，同时也贬低下属所做的贡献。

这些理论至少有两项谬误：

Fallacy of power cen-
tralization
Knowledge organization

（1）**权力集中的谬误**：组织的权力是分散的，不是集中在高层，任由高层分配，应是全体成员共享的。彼得·德鲁克宣称的**知识组织**就点明：现代组织赖以生存、并提供生产力的"知识"，基本上应广为流传宣导，不只在高层有权位者之间流传，同时也应在各中层和基层间流传。在今日的组织里，权力必须授予每一个阶层。

Fallacy of job assign-
ment from high level

（2）**上级指派的谬误**：在组织中，人员的工作、职位、成就满足、报酬是高层领导者分派、给予的，即使组成一个任务团队，小组成员也是由上级指派的，上级指定下级工作，并设定标准来评判他们的表现。组织不容许一个真正的自发性团队，自主设定共同的目标，主动寻求方法去实现目标，因此，当然要仰仗领导，由他们来分配组织资源，并视为是高层的"恩宠"，高层的领导自然成为一个不可或缺的功能。

上述两项谬误在提醒高层领导者，他们在组织中确实握有对中、基层人员的控制权力，但是，这种权力与其说是领导，不如说是**控制**，甚至是**剥夺**：它剥夺了中、基层工作人员运用自己的专长，直接且快速响应顾客需求的能力。结果，这种权力的操弄，实质上是"反领导"的作用。

领导者对组织绩效的贡献

在一般人的印象中，高层领导者是带领组织突破困境、创造奇迹的英雄。他们都是对未来极有远见，能提出美丽愿景，鼓舞员工士气，推动员工实现目标的人。所以，他们理应享受下属的敬仰，组织给予的特别待遇。

两位管理学者对此提出质疑，他们认为"领导者应该控制组织"、"领导者必然位高权重"、"领导者可以创造重大差异"这类讲法并不正确，用这类讲法来描述企业高层领导（CEO）的贡献，与实际情况可能有一大段距离[③]。

Pfeffer and Sutton（2006）

有一项研究调查 167 家公司过去 20 年间的绩效表现，发现领导人更换对公司的销售收入、利润的影响力远低于产业要素、景气变化、企业特性的影响力[②]，而最佳和最差组织之间的绩效差异可归因于领导人的贡献者不到 10%。许多研究也指出：领导能力对组织绩效的影响力很有限，只有少数情况下，它会特别发挥效果，例如公司陷入经营危机时，领导人的重要性才会特别显著。这些研究的背后说明一项事实：多数组织的绩效主要的影响要素都不是个人（包括领导人在内）。市场需求与环境机会（或威胁）对组织绩效的影响绝对大于组织中少数个人的努力，组织对这些外在要素是否应付得宜，进而产生良好绩效，有赖于组织全体人员共同的努力，它不是少数人的功劳。

Lieberson and O'Conner（1972）

虽然组织绩效是全体成员努力的成果，但是，我们常将组织绩效简化推定为少数领导人的领导表现，进而用"成王败寇"的归因法则，从经营绩效来推定领导人的领导才能，这种推定很容易产生归因错误的谬误，也造成人们容易将领导人的行为"神格化"。

其实，领导人只能对企业绩效做出很有限的贡献。优秀领导人能给予组织成员某些需求满足或激励，但未必能创造重大差异，因为领导人可能与组织多数成员一样，都困在自己无法改变的环境中。在这环境下，任何人来领导，结果都会相同。如果，领导人真的领导组织变革，创造重大差异，那是"时势创造英雄"——环境正好让领导人有改变的空间，而不是"英雄创造时势"。

实例验证

1. 请以谢家华在 Zappos 的领导行为来说明他如何同时扮演"管

理者"与"领导者"的角色?

2. 请举具体例证说明谢家华影响 Zappos 员工实现组织目标的五种权力。

3. 请描述谢家华个人的领导特质,并说明他如何带领 Zappos 员工建立公司独特的企业文化。

4. 请以俄亥俄州立大学的双构面领导模式与德州大学的领导方格来描述谢家华的领导风格。

5. 请分别用:两因素理论、期望理论、强化理论来说明谢家华激励下属创造组织绩效的领导方式。

6. 请上网观赏 YouTube 谢家华向外界解说 Zappos 的企业文化的表现,他运用了哪些沟通技巧并且产生什么沟通效果?

7. 请比较谢家华与其他华人成功企业家在领导风格上的差异。谢家华是否代表新时代领导人的风格?他可以学习吗?应该如何学习?

第六章　控　制

学习目标 研读本章之后，您将能够：

1. 认识控制流程与程序

2. 认识信息与控制系统的关系

3. 认识控制的种类

4. 认识各项控制作业

5. 认识管理控制系统

6. 认识全面品质管理

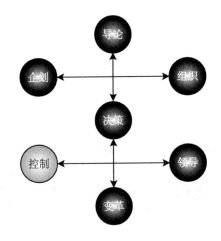

个案：美利达股份有限公司

理论

控制的观念与程序

一、控制的系统观念

二、控制程序

三、控制与信息

四、企业资源规划

控制作业

一、标准

二、衡量

三、差异比较

四、改正行动

全面质量管理

一、TQM 的控制原理

二、TQM 原则

三、TQM 与 JIT

辩证

传统控制的缺失

控制的困难

绩效很难衡量，就不要衡量

JIT 是日本人的专长？

实例验证

个案
美利达股份有限公司

自行车搭上节能减碳、健康休闲的潮流，许多生产自行车的厂家自然推升为营收与获利俱佳的明星企业，以专业自行车制造为主的美利达公司也不例外。在金融海啸期间，美利达的获利没有下降，2009 年第二季度传统淡季的获利还比第一季度高。获利不减的原因并非美利达的接单没有受到全球不景气影响，而是接单单价大幅上扬①。估计 2009 年美利达的营收业绩将实现原先制定的目标，甚至还会比 2008 年微幅增长。

"与市场同步"是美利达交出漂亮成绩单的关键。同时担任 A-TEAM 会长的曾崧柱总经理很清楚，2003 年推动**丰田式管理系统**已经全面发挥效益，不仅在景气热潮时，它让公司保持营收与获利的增长；在不景气时，干部们能够先知先觉，提前提出对策，使公司避开"地雷"。

2008 年 8 月在金融海啸爆发前②，美利达从英国的市场销售发现异状，公司高层立即启动紧急处理。财务主管监控客户的应收账款天数，决定对客户采取信用紧缩。生产主管停止继续采购进口零件，以免存货积压，并且向经销商宣布，调降产量，短期内不接单，鼓励经销商尽快消化库存，保持渠道现金流动③。

但是，控管的关键在生产线调整，这要归功于美利达导入丰田式管理系统，生产排程能随客户订单与库存状况机动调整，不会只根据客户订单盲目备料生产。所以存货能减至最低，并配合客户账款回收情况控制出货量，否则美利达在市场不景气时将吃尽苦头。

一辆自行车从设计到上市，需要半年的**产品流程周期**（Cycle time），通常年初时客户就进行研发设计，历经三个月后才会向代工厂询价，代工厂也才能开始向零部件厂询价。这中间主要零部件需要一个月的时间确认与报价，所以，客户的第一批订单通常在 4 月下单，然后一个月的备料，一个月的组装生产，才能装船，而赶上夏季上市销售。

上述半年的流程时间，带给业者很大的不确定性。前三个月，经营干部无从掌握客户需求，生产线经常停摆，4 月以后全员紧绷，应付旺（夏）季。在生产线火力全开时，员工会超额备料以免缺料，加上生产线作业细分，员工只做个人专门的工序，个人产出虽提高，但是各部件生产速度不一，生产无法平顺化，加工时间因而延长，在制品也堆积如山。

美利达过去也采用这种大量生产，**生产流程时间**（Production process time）约需 20 天（160 小时），在制品存货量经常在 6400 台。曾崧柱总经理感受到（半年）太长的流程周期将无法强化公司的竞争力，需要将它降到一半。为了这一目标，他必须参与客户的产品研发，早日取得新车款的零部件设计图，然后与协作厂一起来压缩流程时间，完成供应链的平顺化。

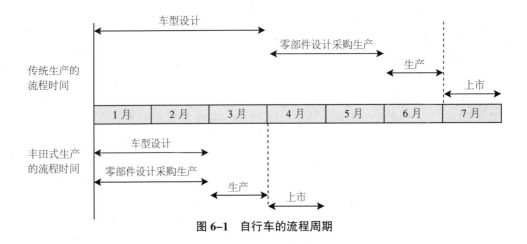

图6-1　自行车的流程周期

2002年美利达开始与大客户进行策略联盟，让生产人员参与客户的研发设计，公司确保客户的新车机密不会外泄，同时为客户提供**适合制造的设计**（Design for manufacture，DFM）**概念**。通过这些努力，客户在设计新车款的同时，美利达就可以同步启动备料与生产进程规划。

接下来，美利达正式导入丰田式管理的及时系统，目标在减少生产流程时间，让每位员工的工序作业流畅，工人依生产节拍进行，去除工序间的等待，同时减少库存或在制品的积压。新系统的生产流程不由中央做大量生产的控管，而由各工序之间做小批量生产的牵制，让后一（生产）工序向它的前一工序下达生产指令④，启动以20台为一批量的生产，避免生产过多，造成在制品积压。

及时管理系统必须针对每一工序制订生产作业时间（节拍）标准，若因机器台数不足，造成工人无工待料，工序将加以整并，让工人同时操作其他（多个）工序，消除等待，保持工序流畅，而不花钱来添置机器⑤。

美利达循序导入丰田式管理，每一阶段都分别为生产流程时间、在制品存货量设定不同实现目标，然后逐步推动、检讨、修正，最后达到平顺化。从2003年以来，原先的6400台在制品已经降到2000台，生产流程时间从原先的162.3小时降到61.7小时的水准。

导入丰田式管理初期，美利达以内部生产线平顺化为重点，效果非常显著。2004年的流程时间降了36%，达到107.1小时如图6-2所示。这一年的改善再延伸至协作厂商，以1-1-10为交货目标，亦即：中心厂一天下单一次，协作厂一天交货一次，下单后10天交货。美利达的生产流程时间再度大幅降低为70.8小时（8.7天），低于10天交货期，说明美利达推动的丰田式管理已经完成外部供应链的平顺化。2009年，22家主要供货商的交货准确率达98%以上，生产流程时间维持7.7天（61.7小时）水准，公司正努力朝1-1-7目标迈进。

丰田式管理的小批量生产非常具有弹性，美利达每月生产批数在2000批左右，平均每批产量在20~50台，当市场急速不景气时，想停掉生产，最多只要处理10天的库存即可，以保护公司与供应商，不会积压太多库存。此外，它特别有利于生产高单价的小批量车款，美利

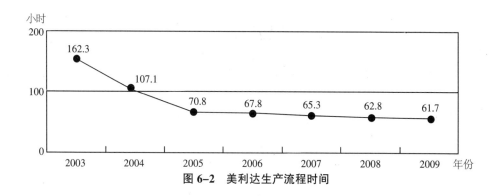

图 6-2　美利达生产流程时间

达每年外销车种高达 600 多种，目的在抢占高单价市场。最后，它能支持客户抢占市场先机，对于客户的急单，美利达可以在 45 天内交货，不会让客户断货，而每年 4 月新车款就可以提前上市，有利于客户用更长的展期来销售高价产品。

 理论

美利达公司充分运用控制功能，降低生产成本，改善生产流程，公司推动丰田式的**及时管理**，强化全面品质管理，生产科以生产指示看板、作业时间、物料库存周转率、在制品周转率等控制指标，成功地引进**丰田式管理**，并大幅降低生产成本，改善生产效率，提升公司的接单能力。

Just-in-time management

Toyota production management

控制是衡量与修正绩效，确使组织能按计划或规定，完成目标的活动，本章首先讨论控制的观念与程序，其次介绍控制作业，最后介绍全面品质管理。

控制的观念与程序

管理的目的在于创造价值，它从设定目标、集结资源开始，进而促使组织成员努力实践实现；而目标是否实现，能否以更有效率的方式实现，就是控制的功能。控制是确使各种管理活动能够完成目标，如果无法完成，就必须采取有效的补救措施。以下分别说明：①控制的系统观念。②控制程序。③控制与信息的关系。④企业资源规划。

一、控制的系统观念

Input, transforming, output

Authority

Responsibility

Input

Transformation

Value

Output

管理者必须追踪组织内部各项工作的进行，才能执行控制作业，这种追踪与控制系统有密切关系。管理者必须将工作流程应视为一个"**投入、转换、产出**"系统，以掌握转换过程中的各项要素，确使产出能符合预期目标。所谓控制乃是在"投入—产出"流程中，确使投入、转换、产出三者的各项要素都能根据要求，完成使命，最后满足顾客需求。

控制是管理者很重要的职责，再好的目标构想如果缺乏控制，都不会真正实现。管理者必须运用他的**职权**掌控投入资源，选择正确的生产（转换）方法，并对最后产出负**责任**。管理的职责（职权与责任）就是在监控投入、转换、产出的每一细节，如果发现问题就要提出改善对策，这一职责关系如图6-3所示，投入、转换对应管理者的职权，表示管理者有权力指挥两者；产出对应管理者的责任，表示管理者必须对产出结果负责。从系统观念来看，控制流程包括四个要素：

● **投入**：寻找投入资源，利用招募、训练、采购获取这些资源，并确保它们的质量。

● **转换**：利用能减少浪费、提高质量的效率方法，将投入资源转化为产出。

● **产出**：确使产出符合（数量与质量）目标。

● **价值**：确使产出顾客要求的价值，并满足其需求。

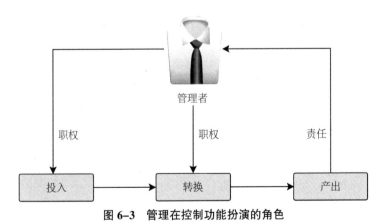

图6-3　管理在控制功能扮演的角色

一般的控制系统用"投入—产出"系统就能表达，但管理的控制系统还要特别注意价值。第一章图1-2描述"管理流程"，说明管理不仅关注"投入—产出"关系，更重视产出的价值。换言之，管理上的控制包括两类：①**效率控制**：确使投入与产出之间达到最节约的关系。②**效向控制**：确使产出具有能满足顾客需求的价值。两者合起来称为**绩效控制**如图6-4所示，它在确使企业进行的活动能表现预期的水准，进而获得需求者的购买，才能产生报偿。

Effectiveness control

Efficiency control

Performance control

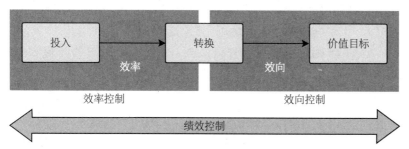

图6-4　绩效控制

在美利达公司的案例中，管理者不仅关心原物料、人力、时间等资源投入生产自行车的"投入—产出"关系，更重视生产的自行车是否就是顾客所需要的价值，例如自行车的时尚、健身、个性化、及时供应、服务等价值。**效率控制**是管理者确保每天的生产线上可以生产最大化自行车数量，**效向控制**在确保这些自行车必须符合顾客要求的价值，此一价值的控制涉及许多更广泛、也更细微的要素，需要高层主管投入更多心力的关注。

二、控制程序

Control process

控制程序从设定绩效目标开始，当产出结果出现时立即加以衡量，并根据衡量的数据资料比较产出结果与目标间的差异，再采取改正行动，以确保目标之完成。这一程序乃接续企划工作，所以，企划与控制很难分割，两者几乎是一体两面[6]。企划设定目标、编制工作计划，规范工作细节与进度，控制确使它们实践。没有企划就无法控制，做好企划工作，控制工作也完成大半，因为企划同时也在设计控制的工作，并在书面计划中列示出完成目标的控制方法，根据计划去施行计划的过程大致就是控制的过程。

控制程序包括四个部分，如图6-5所示。

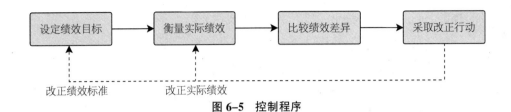

图6-5　控制程序

Set standards

（1）**制定绩效标准**：将企划所设定的目标，转换成可以观察、衡量或比较的形式，通常称为"绩效标准"，以利于和产出结果比较。

Measure actual performance

（2）**衡量实际绩效**：当行动产生结果时，通过衡量才能知道实际绩效，正确衡量绩效需要运用相当的技术。

Compare performance to standards

（3）**比较标准与实际绩效的差异**：行动产生结果后，将衡量出来的实际绩效与所订的标准相互比较，找出差异，并解释差异的意义。

Take corrective action

（4）**采取所需的改正行动**：如果实际绩效合乎所订的标准，表示目标达成，不必采取改正行动。如果实际绩效不合所订的标准，则加以检讨，采取进一步的行动，或者修正所订的目标，或者改正已采取的行动。

三、控制与信息

Control is a feedback system

控制程序是一个**信息回馈系统**，信息回馈是控制的关键，有信息回馈才能据以完成控制工作。在工作进行中，通过收集与衡量而产生信息，这些信息包括控制程序中四个很重要的部分（绩效标准、绩效结果、差异大小、改正行动），它们也称为控制的回馈信息，在控制系统中这些信息有其循环回路：从订定目标开始，信息 不断收集、衡量与比较，也不断产生信息回馈，提供管理人员采取 适当的控制行动。如果必须采取改正措施，改正结果又会产生信息，供有关人员判读，然后进入下一个控制循环周期。

信息回馈与控制周期有密切的关系。如果信息与工作同步产生，并实时回馈给管理人员监控工作目标的实现，随时采取改正措施，这种系统称为**实时控制系统**。另一种是信息定期（每周、每月）

Real-time control system

汇总，并回馈给管理人员监控该时期的工作目标实现，再定期采取改正措施，称之**定期控制系统**。

Periodic control system

四、企业资源规划

Enterprise resource planning

企业资源规划（ERP）是一套运用电脑系统产生管理信息的系统，目的在协助管理者整合企业可用资源，进行最佳化的使用配置，以提高企业绩效。作为**管理信息系统**，它将企业营运活动予以衡量、纪录、处理，并汇总为管理报表，随时应付管理人员的查询。为了控制资源的最佳利用，每项营运活动必须运用"标准"、"衡量"、"差异比较"、"改正行动"等四项控制作业，使管理者随时掌握资源利用状况，据此做出改善决策，提高管理绩效[⑦]。

Management information system

ERP系统的建制类似于企业整体预算的建制，首先它为企业营运活动建制各项标准，确使企业投入的各项资源（资金、人力、时间）依据标准编制预算。当管理者使用这些资源时，它的投入与成效都用电脑系统加以衡量，并汇总整理营运资料，与标准比较。最后，所有改善绩效都依不同管理阶层编制成不同的管理报表，通过电脑系统提供给不同管理阶层使用。

 管理小辞典
信息回馈与控制系统

根据实际产生成果的信息进行控制作业称之**回馈控制**，它针对实际产生的结果而采取行动。这种控制有"亡羊补牢"的缺憾：结果已经产生，错误已经造成，再来找改正之道，它的目的只在矫正未来的结果，但无济于挽回目前达不到目标的损失。

Feedback control

同步控制是在工作进行中就采取持续改善的活动，它是一种现场控制，在活动过程，就同时确定所有活动都能达到所要的目标，如果无法达到，立即改善调整。它又称为"方向盘控制"，就像驾驶人同时注视目标与完成结果，不断转动方向盘，确使两者不会产生偏差。

Concurrent control

前馈控制是在工作之前就预想可能发生的不当结果，并针对这些潜在的结果采取防范措施，确使这些不当结果不会产生。如图6-6所示将上述三种控制系统与"投入、转换、产出"系统做一比较：

Feedforward control

● 回馈控制针对系统已经产生的"产出"进行控制。

● 同步控制针对系统中的"转换"进行控制。

● 前馈控制针对系统中的"投入"要素进行控制。

前馈控制是一种事前确认与防范潜在问题的控制，管理者必须在投入要素转换之前，确使各项投入资源的数量或质量，能完全合乎要求。此种控制主要在特别着重人员品质的提升与掌控，因为人是最重要的投入资源，越来越多控制系统逐渐发展为前馈控制[8]。

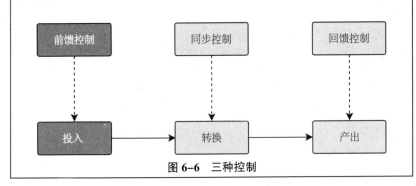

图 6-6　三种控制

组织中不同管理阶层都有不同的控制对象与重点，他们各有不同的信息需求。这些信息能按责任范围编制成具有"责任中心"的控制机制。所谓**责任中心**是按主管负责某一功能或活动的资源使用与经营成效，通过预算系统，责令该主管负责，据以考核主管的绩效。为了达到控制目的，每一部门要清楚定义职责贡献，清楚衡量资源成本与产出绩效，完成责任预算的编制，定期考核。兹以财务报表的预算编制为例，说明这一机制。

Responsibility center

组织中每一经营活动最后都会汇总为资产负债表与损益表两种财务报表，揭露出企业经营全貌。资产负债表反映企业在某一时点各项投入资源的存量，损益表反映某一期间（按月、季、年）企业使用资源产生营收（或利润）的绩效。组织中每一部门可以针对它的绩效责任最后对资产负债表与损益表的财务数据的影响，而分为以下四种责任中心，如图 6-7 所示。

Cost center

● **成本中心**：部门的绩效贡献只反应在资源投入的成本，无法衡量出它对最终营收或利润的贡献，换言之，它的营运活动只能编制成本预算，因此采用成本中心进行控管。

Revenue center

● **营收中心**：部门的绩效贡献在产生销货收入，但产生收入的成本无法直接归属该部门，因此编制营收预算，采用营收中心进行

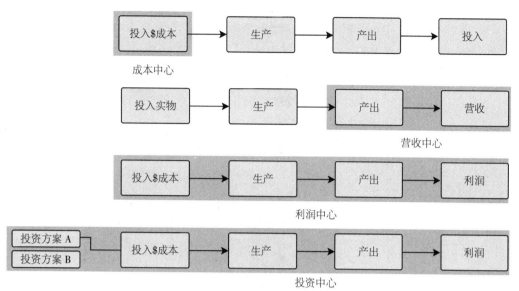

图 6-7　责任中心

控管。

● **利润中心**：部门的绩效贡献在产生利润，因为部门能产生销　　Profit center
货收入，产生收入的成本也能直接归属于该部门，使该部门能独立
编制损益表预算，采用利润中心进行控管。

● **投资中心**：部门的绩效贡献在产生利润，而且产生利润的资　　Investment center
本设备能直接归属该部门控管，使该部门能独立编制损益表预算与
资产负债表预算，采用投资中心进行控管。

 管理小辞典
财务数据无法表达的绩效

　　财务绩效主要借助会计系统结算企业的经营活动成效，但是
还有很多企业的经营绩效无法用会计方法衡量，它们无法表现在
财务报表上。

　　完整的企业经营绩效应该包括：财务绩效、企业绩效、组织
绩效等三者：

● **财务绩效**：获利率、销货成长率、每股盈余、股价。　　　　Financial performance

● **企业绩效**：除财务绩效外，还有市场占有率、产品质量、　　Business performance
技术进步、新产品开发。

● **组织绩效**：除企业绩效外，还有顾客满意度、员工满意度。　Organizational perfor-
mance

财务绩效、企业绩效、组织绩效三者的关系如图 6-8 所示，最外圈是"组织绩效"，它包含其他两种绩效，中圈是"企业绩效"，包括内圈的"财务绩效"。明显的，"财务绩效"并不足以全部表达"企业绩效"或"组织绩效"，它只是管理上最具体的绩效衡量，但不能代表全部的企业经营绩效。

图 6-8　财务绩效、企业绩效与组织绩效

以企业为单位编制的资产负债表与损益表是由各责任中心的绩效表现汇总的，进一步运算表列的数据可以制订各种财务指标，更深入地衡量整体的企业经营绩效。这些财务绩效指标大致分为三类经营绩效：

Profitability ratio

● **获利比率**：衡量企业在某一段时间的获利程度，绩效指标包括：销货利润率（利润占销售收入的比率）、资产报酬率（利润占总资产的比率）、净值报酬率（利润占净值的比率）等。

Activity ratio

● **活动比率**：衡量企业在某一段时间资源管理活动的成效，绩效指标包括：①存货周转率（销售收入占平均存货的比率）衡量存货管理的绩效。②资产周转率（销售收入占平均资产的比率）衡量资产管理的绩效。③应收账款周转率（销售收入占平均应收账款的比率）衡量应收账款管理的绩效等。

Liquidity ratio

● **安全比率**：衡量企业在某一段时间能否偿付负债的能力，绩效指标包括：流动比率（短期资产变现偿付负债的能力）、负债占净值的比率等。

控制作业

控制作业是在执行四个控制程序。①制定绩效标准。②衡量实际绩效。③比较标准与实际绩效间的差异。④采取所需的改正行动。以下分别解说。

一、标准

标准是实际结果（或绩效）必须具备实现目标的条件。它用来评断目标是否实现，并考虑是否要采取行动来改善结果（或改进绩效）。如果没有标准，也就无从控制，所以控制程序的第一项工作是设定标准。在信息循环回路中，标准是行动"校正"的依据，有标准才能对回馈信息做比较判断，这是信息系统能产生控制功能的关键，简单讲，**标准**就是信息的判断基准⑨。 Standard

在控制过程中，标准的设定很重要，标准不同于目标，但它与目标有很密切的关系，目标只针对最后产出，它当然是产出要完成的一项依据或标准，但工作系统中，需要设定标准的对象不仅只有产出。管理者必须同时针对关键性的投入、转换或产出要素设定标准，并进行控管，这些标准必须是客观的、可观察的、**攸关的**。管 Relevant
理上需要控管的标准有以下六项⑩：

● **实物标准**：主要是作业基层应该产生的非货币性结果，例如 Physical standards
每台机器的生产量。

● **成本标准**：主要是作业基层应该产生的货币性结果，例如每 Cost standards
件产品的物料成本。

● **资金标准**：运用实物资产所产生的货币性结果，例如购买机 Capital standards
器的投资报酬率。

● **收益标准**：销售所达成的货币性结果，例如每月营业收入。 Revenue standards

● **计划标准**：预计时间完成的目标结果，例如月底完成 100 万 Program standards
元销售目标。

● **无形标准**：无法用实物或货币衡量的结果，例如品质、组织 Intangible standards
忠诚等。

标准一旦选定，实际的产出结果就可以拿来与标准作比较，然后决定应采取的改善措施，完成控制循环系统。在这循环系统中，标准设定有两种方式：①由系统外部设定。②由系统本身产生。它们分别产生两种控制[①]：

Argris（1988）

Single-loop control

● **单回控制**：标准由系统外部设定，如图6-9所示，根据高层主管要求的目标或规范而制订标准，再交由现场管理人员进行控管，若有需要更新标准，也由高层主管决定。系统无法从信息循环回路学习，它缺乏标准的自动设定或校正功能，例如冷气机的温度设定在22度标准，若室内温度高于此一标准值就激活压缩机抽送冷空气，降低室内温度，系统无从改正该标准。

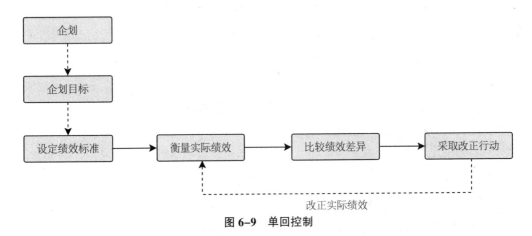

图 6-9　单回控制

Double-loop contro

● **双回控制**：标准由系统本身产生，在统计制程控制中，标准由系统本身产生，它根据现场实际执行的信息回馈，自动产生能校正标准的信息（上下限值），能对不合适的标准加以更新，不断进行控制作业。如图6-10所示，系统能从信息循环回路学习，具有标准

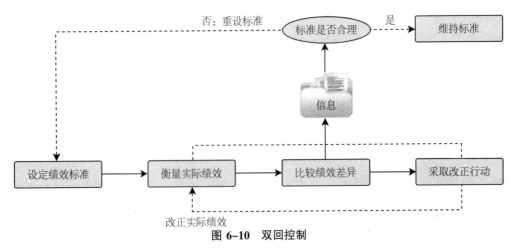

图 6-10　双回控制

的自动设定或校正功能，例如原先冷气机将控制温度设定在 22 度的标准，但从系统内侦测（例如）室温保持 25 度可以节省 1/3 电费，冷气机自动将标准改为 25 度，室内温度高于此标准值就激活压缩机抽送冷气。

管理小辞典
统计制程控制

统计制程控制（简称 SPC）是利用仪器衡量产出数据，以统计原理进行变异分析，制作管制图，找出共同变异因素与特殊变异因素。兹以表 6-1 之数列所制作的**管制图**来说明统计制程控制。

Statistical process control

Control chart

（1）从制程中收集产出数据，并做成数列表，如表 6-1 所示。

表 6-1　管制图数列的处理

	量测值 X	全距 R		R 排序
1	25			
2	31	6		8
3	29	2		6
4	30	1		6
5	33	3		5
6	29	4		5
7	32	3		5
8	32	0		5
9	27	5		4
10	32	5		4
11	36	4		4
12	28	8	→	3
13	29	1		3
14	29	0		3
15	23	6		2
16	27	4		2
17	26	1		2
18	31	5		2
19	33	2		2
20	33	0		1
21	28	5		1
22	30	2		1
23	33	3		0
24	31	2		0
25	33	2		0

（2）计算平均值 $\overline{X}$，$\overline{X} = 750/25 = 30$。

（3）计算两点之差 R（全距）。

（4）决定中位全距 $\widetilde{R}$：把各全距值由大至小排列，再找出中位数，此例中有个两中位数，皆为 3，所以：

$$\widetilde{R} = (3+3)\,/2 = 3$$

（5）求算 3.14 倍的 $\widetilde{R}$：$3.14 \times 3 = 9.42$

（6）计算管制界限：把 $\overline{X}$ 加上 9.42，可得**管制上限值** UCL；把 $\overline{X}$ 减去 9.42，可得**管制下限值** LCL：

$$UCL = 30 + 9.42 = 39.42$$
$$LCL = 30 - 9.42 = 20.58$$

（7）依时点先后画出每个量测值 X，并画出平均值 $\overline{X}$。

（8）用虚线画出管制界线，即可完成如图 6-11 所示的管制图。

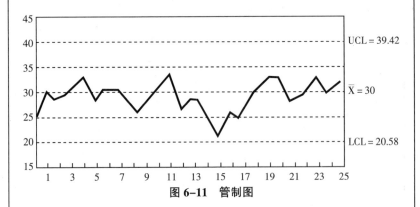

图 6-11　管制图

在管制图上，每一个观察值都会与经过统计运算得到的上下限值加以比较，观察值落在这上下限范围内，它们之间的差异是共同变异因素，是允许的变异。如果观察值落在这上下限范围外，就是特殊变异因素造成的，必须追究原因，消除该项特殊变异因素。

当管理者从操作方法、设备、材料等共同变异因素进行有效的改善，将会改变上下限区间值，管理者可以从观察值所制作的管制图，获得改善效果的印证。

统计制程控制舍弃制定绩效标准，每一实际观察值也不用固定的标准值来进行差异比较。它利用现场回馈信息自动产生标准值，它们是在一个可被接受的上下限值之区间，这一标准会随着现场环境的差异自动运算，避免人为标准所造成的偏误。当观察值将超越这一可被接受的上下限值之区间，就必须针对它的偏误加以分析，并找出改善对策。

二、衡量

衡量是用数值指标来表达工作情形与工作结果。如果工作无法用数值指标表达它的特质或产出，该工作就无法控制，因为我们无法确知对它有多少投入、完成多少成果。如果工作**无法衡量，它就无法控制，更遑论管理**。任何工作都可以针对它的"投入、转换、产出"三者进行衡量，而产生三种衡量数值：

If you can't measure it, you can't manage it

● **投入**数值，例如时间、劳动人力、资本等。

● **生产力**数值，例如每位员工产值、每一元投资的报酬（即投资报酬率）。

● **产出**数值，例如产量、销售额、利润等。

所谓绩效衡量乃指针对某项工作以上述三种数值来表达工作的"效向"与"效率"，但并非所有绩效都可以衡量，特别是效向的衡量，因为它包括目标价值的认定，例如"顾客满足"就很难衡量。

效向可用产出数值来表达，但能够衡量的产出数值未必能反映全部的效向，管理者必须花很多精力在确定工作是否达到效向，否则虽然有很多实物产出，却没有带给顾客真正价值。

相较之下，效率的衡量较为容易，也较无争议。效率是以最少的投入获得最大的产出，又称为**生产力**，它以投入与产出之间的比值来表达。公式为：

Productivity

$$生产力 = \frac{总产出}{总投入} = \frac{所完成的结果}{所消耗的资源}$$

管理小辞典
生产力的衡量与提升

若投入 5 小时人力，产出 10 单位的产量，其生产力为 2（10/5），若生产力不变，投入 10 小时人力，可以产出 20 单位的产量。提高生产力的途径有三：

● 减少投入：以更少的投入达到同样的产出。例如，4 小时

人力有相同的 10 单位产出，生产力是：10/4＝2.5

● 提高产出：以同样的投入增加更多的产出。例如，5 小时的人力有 12 单位的产出，生产力是：12/5＝2.4

● 减少投入同时提高产出：以更少的投入来提高更大的产出水准。例如，花 4 小时的人力，但有 12 单位的产出，生产力是：12/4＝3.0

三、差异比较

当行动产生结果，进行衡量之后，必须将衡量出来的实际绩效与所订的标准，相互比较，找出差异，并解释差异的意义，这就是**差异分析**，目的在找出差异原因，采取对策，使下一次的行动能够**达到标准**。管理者应视控制对象而选取差异比较的基准，例如如果要控制每天产生的绩效，就必须逐日比较每天的标准绩效与实际绩效的差异；同样的，如果要控制每人的绩效，就必须比较每人的标准绩效与实际绩效的差异，确保每人每天的绩效能达到标准。

但是，单纯的"达到标准"不是控制目的，控制必须能够完成目标。有些"标准"不足以代表目标，虽然行动结果合乎标准，却达不到真正目标。差异比较不仅要确使实际绩效"合乎标准"，也要使"标准"能反映真实的目标。所以，在差异比较中，也要检讨标准，找出适宜的控制标准，才能达到控制的目的。

在统计制程控制中，标准是根据现场实际执行的信息回馈自动产生，然后制作成管制图，提供图形的目视比较，使管理者更容易找出改善方向。

四、改正行动

如果实际绩效达到所订的标准，表示目标实现，不必采取改正行动。如果实际绩效不合所订的标准，则必须检讨，或者修正所订的目标，或者改正已采取的行动。

如果检讨结果，必须改正已采取的行动，表示必须针对"投入—产出"流程的相关项目进行矫正，但除了矫正外，对于已发生的错误所造成的影响，则需要**补救**，补救方式有二：

Gap analysis
Reaching standard

Remedy

● **重做**：错误发生后，对于产品或服务的再修正，它通常在检查发现错误（例如，不良品）后采取。

Rework / Redo

● **损害赔偿**：当不良品流入市面到达顾客手中，无法重做时，必须给予道歉、赎回、更换、再加工，减少负面影响。

Damage compensation

虽然利用重做或损害赔偿来做改正行动也是一种**回馈控制**，能让管理者知道已发生错误的影响，但管理者不应该依赖这种控制，原因有二：其一是成本太高；其二是可能还有不良品流入市面。如果顾客 未提出抱怨，企业又无法检查不良品，顾客将对公司产品失去信心。所以，竭尽一切努力防止不良品的出现，才是根本的解决之道，技术可采取类似**无缺点**计划，运用**前馈控制**或**同步控制**来消除可能的不良品。

Zero-defect

控制作业很难在一次循环过程中就设定目标，而将所有问题一次解决，它会历经很多次的控制循环过程，形成一个不断持续改善的过程，最后达到改善目的，这就是 PDCA 循环。

管理小辞典
PDCA 循环

PDCA 是 Plan（企划）、Do（实做）、Check（检讨）、Action（行动）四个步骤的简称，它是执行一项工作前，先拟订行动计划（Plan），然后根据行动计划执行（Do），执行结果立即查核（Check）是否与计划相符，若有不相符，就采取改善行动（Action），若与原计划相符合，就采取下个工作循环的准备行动（Action）。

PDCA 由美国戴明博士首创，又称戴明轮，它最早被应用在质量管理及质量改善的工作，后来广泛应用到各种管理工作。任何工作只要发现问题，就应订出计划——运用企划方法订出目标，找出实现目标的对策，然后动手实践目标，将目标付诸实践，产生结果后，立即检讨，若有差异，马上采取行动改正，消除差异。完成整个循环后，然后再接下一次循环，形成循环转动。它强调所有管理活动都应像轮子一样，PDCA 四个活动接续进行，将控制作业放入每个工作中，不断持续改善，构成循环，使工作越做越圆满，生产力更高。

PDCA 与传统管理方法不同的地方在于:

● 四个步骤是一体的、连续的,由相同人或单位执行,不是将四个步骤分割由不同单位或个人负责,以致这些人无法衔接。

● 四个步骤合起来不断朝持续改善前进,所以它们不是大刀阔斧的改革,而是很多小规模的改进。

● 检讨后必须立即进行改正行动,不是只做检讨而已。

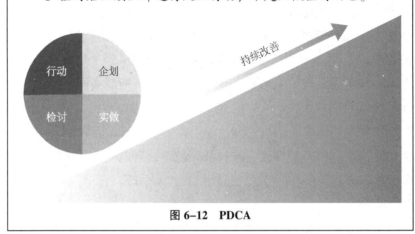

图 6–12　PDCA

Total quality management

全面质量管理

管理的控制系统特别强调使产出具有能满足顾客需求的价值,遗憾的是,价值很难衡量,价值标准很难制定,它必须从工作品质反映出来,但依据财务指标所建立的控制系统常常只是**效率控制**,无法针对质量做控管,因此无法做到**效向控制**。

Total

全面质量管理(TQM)是针对工作质量所做的控制。TQM 强调**全面**,表示它是组织全部人员都参与质量改善的管理,不是少数人在控制质量的活动;它也表示质量不是只有针对最后产出的质量管理,而是从投入、转换、产出等各阶段都紧密控制的管理。也有学者称 TQM 是第四代管理,它由三项要素结合成一体[12]:

Quality

● **质量**:以满足顾客需要来定义质量,甚至以取悦顾客的质量为质量,以开发顾客尚未预期的需求为质量,而不是只关注一般人预期的质量。

Scientific approach

● **科学方法**:利用科学工具,以具体数据做控制,掌握变异,消除不当的变异，而不是运用一般的直觉经验来做控制。

● **团队一体**：利用团队来完成目标，打破组织僵硬的编制，培养工作团队的信任以及团队的自动自发精神。　　　　　　　All-one-team

以下介绍：①TQM 的控制原理。②TQM 原则；③TQM 与及时管理系统（JIT）。

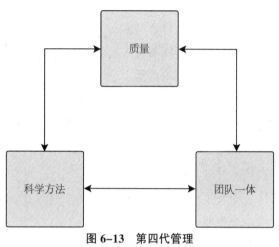

图 6-13　第四代管理

一、TQM 的控制原理

TQM 是全方位的质量控制，它是整体系统全面的控制，但它的控制观念与传统控制观念有很大差异（如图 6-14 所示）[13]。由于这种差异，TQM 才以"管理"一词代替"控制"。

传统控制	TQM	
有问题再反映	事先做好反映准备	Reactive vs. proactive
责任归咎个人	责任归咎流程	Blame the person vs. blame the process
看到单一问题就去解决	管理整个来龙去脉	Handle discrete events vs. manage patterns over time
掩盖变异	研究变异并学习	
管理危机	减少变异	
如果没有问题，就不用修理	很好，但你可以做得更好	You can make it better.

图 6-14　传统控制和 TQM 的差异

TQM 在投入、转换、产出各阶段都做严密的控制，它运用信息回馈同时从事前馈控制、同步控制与回馈控制：

（1）**前馈控制**：TQM 特别强调人员的质量。人员的质量表现在纪律、弹性、平等、自主、人力发展、工作生活质量、创意等各方面，但最重要的是要求员工将质量摆在第一位，不断灌输员工下列质量意识：

● 质量不是检验出来的，是做出来的。

● 质量不只是结果更是过程。

● 质量不只是外表更是内在（心）。

● 先有个体质量才有全体质量。

● 先有工序质量才有产品质量。

（2）**同步控制**：除了灌输员工的品质概念外，TQM 训练员工充实各种管理技能，特别是作业流程或生产要素转换过程中的同步控制技能，这项技能就是所谓的工序质量，主要有三项：

Doing right at first time

Ask WHY

You are my customer

● 第一次就做对做好。

● 向前段工序追根究底。

● 视后段工序为顾客。

（3）**回馈控制**：TQM 训练并鼓励员工使用有关的统计工具，利用统计分析方法，从已经完成的工作结果或他人的经验，收集资料，分析问题，找出各项变异因素，做回馈控制，以利改善。常用的统计工具包括（如图 6-15 、图 6-16 和图 6-17 所示）：

Checksheet

Matrix chart

Fishbone diagram

Component chart

Frequency diagram

Pareto chart

Scatter chart

Control chart

● 检核表。

● 矩阵图。

● 鱼刺图。

● 成分图（表）。

● 次数分布图。

● 柏拉图。

● 散布图（关系图）。

● 管制图。

Learning process

TQM 的回馈控制与一般的回馈控制不同，TQM 视回馈控制为一种**学习的流程**[14]，所以使用统计工具不仅只是信息的揭露与分析，它强调系统思考，重视问题的分析与解决，能将现场的改善经验转换为知识，且乐于与同仁分享这些知识。

二、TQM 原则

TQM 不是单纯的质量管理，它代表一种管理思想的突破，一种流程革命，它将焦点放在顾客价值上，而以团队合作来改善流程，推动 TQM 应该掌握它的七大原则[15]。

Focus on delivering customer value

1. 原则一：焦点放在传送顾客价值

TQM 以顾客价值来定义质量，所有管理活动在传送顾客价值的流程，任何与顾客价值无关的活动，都要消除，而且要不断利用管理来为顾客创造价值。

Continuously improve the system and its process

2. 原则二：持续改善系统及其流程

TQM 是一种治本而非治标的控制，不只是控制制作过程或产品的质量，它特别关注传输顾客价值的流程，以及维护此一流程的系统，并以持续改善的精神，提升整体系统。

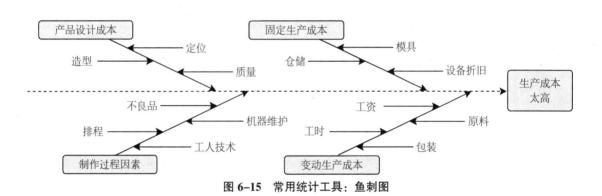

图 6-15 常用统计工具：鱼刺图

表 6-2 常用统计工具：成分表

单位：%

		占总生产成本比例（A）	成本可再减低之百分比（B）	估计完成改善可节省之总成本（C）	
固定成本	模具	15	5	0.75	10.3
	设备折旧	12	0	0.00	0.0
	仓储	5	3	0.15	2.0
变动成本	工资	20	10	2.00	27.4
	包装	5	2	0.10	1.4
	原料	20	10	2.00	27.4
	工时	–	–	–	–
产品设计成本		15	10	1.50	20.5
制作过程因素		8	10	0.80	11.0
合计		100	–	7.30	100.0

$C = A \times B$

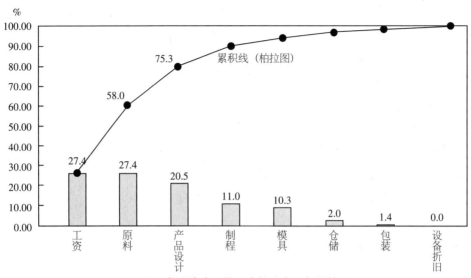

图 6-16　常用统计工具：次数分布图与柏拉图

Manage processes, not just people

3. 原则三：流程管理，不只是人员管理

任何质量问题，百分之二十以下的原因是工作人员造成的，其余百分之八十以上是系统不良造成的[16]，所以只管理"人员"将无法有效提高质量，TQM 强调应加强管理"流程"。图 6-17 比较传统管理与流程管理，可以看出两者迥异。

传统管理	流程管理
员工是问题	流程是问题
做我的工作	帮忙把事做好
了解我的工作	知道如何将我的工作放到整个流程中
衡量个人	衡量流程
改变人	改变流程
永远可以找到更好的员工	永远可以改进流程
控制员工	培养员工
不要相信任何人	我们在一条船上
谁犯了这个错误	为什么允许这个错误发生
底线引导	顾客引导

图 6-17　传统管理与流程管理的比较

4. 原则四：对症下药，且未雨绸缪

问题发生后，必须找出原因，然后根据原因找对策，不能只看问题表象。即使系统没有发生问题，也要未雨绸缪，找出潜在问题，并加以预防。

Look for root causes to solve and prevent problems

5. 原则五：收集资料，使用科学分析

TQM 强调使用客观资料，而且利用科学分析，增进对知识问题的了解，避免肤浅的主观认定。

Collect data and use science for analysis

6. 原则六：人是组织最重要的资源

TQM 活动必须通过人来执行，人的技能与品质最为重要，所以要加以训练、培养。

People are the organization's primary resource

7. 原则七：以团队作业来有效执行流程

在 TQM 的流程管理中，为了创造与传输顾客价值，现场人员能不断检查现场问题。在解决问题方面，现场人员能打破组织编制的限制，与相关人员自组团队合力完成任务。

Work in teams to execute processes efficiently and effectively

---

管理小辞典
TQM 与现场作业决策⑰

现场作业人员必须不断检查以下问题才做好 TQM：

● 组织有哪些潜在问题的症状？

● 在流程中做什么改变，能防止问题再发生？

● 对此流程，为使之更有效运作，我们还有什么资料与意见？

● 这些运作是否需要用统计控制？

● 产品是否有为顾客价值而设计？

● 经理人是否有努力于使其流程和所提供顾客价值的产品相配合？

● 当流程发生问题之前，我们有没有给予员工解决控制这些问题的资源、训练与职权？

● 我们知不知道各司其职的员工如何团结合作，共同完成目标？

● 现场有没有允许我们持续改善工作流程与产品质量的方法？

三、TQM 与 JIT

Eliminating waste

管理上除了追求完美质量外，也应**扫除浪费**，降低成本。排除浪费不是只着眼于成本的降低，它有积极提高质量表现的意义：它除了让顾客享受物美价廉的商品外，更重要的是，它让价值创造的流程更为流畅，成为引导流程革命的一套 TQM 做法。其中，一种以排除浪费为目的的**及时管理系统**（JIT）日渐流行，它与 TQM 受到同等重视，两者被视为互补，都是追求卓越的管理制度。

Just-in-time management system

JIT 虽强调"及时化"，它是必要的东西，在必要的时间，只制造、提供必要的数量的生产系统。所谓"必要"是将顾客需要当作起点来思考。它以**简单化**来达到扫除浪费，用简化做事方法来增进员工做事能力。由于能够将简单的事做好，而且逐渐做得更好，最后就能达到及时化[18]。

Simplify

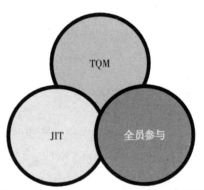

图 6-18 TQM、JIT、全员参与的关系

Not product out

But market in

Not output-oriented

But process-oriented

推行 JIT 并不是运用各种方法，努力快速将**产品推出去**，而是将**市场放进来**；它是**流程导向**，而不是**产出导向**。所以，质量还是 JIT 的重心，可以将 JIT 视为是 TQM 的流程化，两者同时推展，并不冲突。JIT 与 TQM 共同的管理目的是：

● 以最高的效率生产质量最好的产品。

● 维持最少的库存。

● 减少耗费体力的工作。

● 有效使用工具与设备以确保质量和效率。

● 以虚心的态度、开放的心胸、团队的合作，不断进行改善。

JIT 致力于建造一条与销售流速同步的生产方法，它是一个持续流程，让每一加工制造流程如流水般接续，一旦销售流速减缓，所有制造流程也减缓。每一加工阶段都严格检测，如果有不良品产生，该一阶段的流程立即停止，以防止加工与不良品的浪费。

	JIT 强调	TQM 强调
策略	以生产方法取胜	规划一套作业方法
纪律	质量标准	工作态度
流程控制	流程控制	全员参与
排除浪费	技术设计	持续改善
从源头排除错误	自动侦测	自发控制

图 6-19　TQM 与 JIT 比较

管理小辞典
丰田公司的七大浪费

JIT 要消除的浪费有著名的丰田公司所提的七大浪费，包括：

- 产量过剩。　　　　　　　　　　　　Overproduction
- 机器整备时间过长。　　　　　　　　Waiting time
- 搬运浪费。　　　　　　　　　　　　Transport
- 加工浪费。　　　　　　　　　　　　Process
- 存货浪费。　　　　　　　　　　　　Inventory
- 动作浪费。　　　　　　　　　　　　Motion
- 不良品浪费。　　　　　　　　　　　Defective goods

辩证

本章陆续介绍各种控制的理论与实务做法，可以看出控制的观念已有很大的改变，重要的辩证介绍如下。

传统控制的缺失

传统的控制是根据所制定的目标，制定绩效标准，再衡量实际绩效，比较标准与实际绩效间的差异，最后采取所需的改正行动。此种控制观念未将控制的各要素视为一个系统，忽略系统内各要素的干扰，容易导致偏差，兹将有关的控制缺失，列示如下：

● 标准的设定过于主观或独断，未能反应环境变化或人员的执行能力。

Encourage complacency

● 容易将"标准"当作目标，当实现设定的标准后，就**满足于现状**，原地停留，不再进步。

● 只设定标准，但并不确保人们会按标准执行。假设人员或部门的绩效是独立的，不考虑彼此的工作干扰与绩效影响，例如采购部门实现低成本的控制目标，但向质量较差的供货商进货，而使生产部门无法达到质量要求。

● 各部门之间的目标或标准经常发生冲突。

● 设定的目标或标准不具体，无法进行控制，但具体的数量化目标或标准容易被操纵，失去控制的功能。

● 标准设定不完美，影响控制效果，为了确保效果，标准必须经常检视、修正，但一般人很少认真修正。

Meet higher standards, not improve process

● **只设定特定目标，而非鼓励持续改善**，无助于组织提升高质量标准。

If it isn't broke, don't fix it

● 利用差异进行改正，只要有差异，就不断采取改正行动，费时费力；反之，**如果没有差异，就不会要求改正**，如果想改正，将被反对。

控制的困难

技术上，控制是绩效的衡量与检讨，管理上，控制是责任的分担与考核，最后必须有"奖惩"才能产生效果。但是，由于组织的产出是一个整体，在一个分工分责的组织中，工作者常只掌握一部分组织资源，许多绩效找不到直接负责的人，也很难衡量人员真正的绩效，它就产生控制的困难。

Measurement

控制的困难是绩效**衡量**的困难造成的。理论上，整体绩效可以分割成局部绩效，而有人会直接负责，但是，技术上很困难，因为，局部绩效未必能组合为整体绩效，即使能组合成整体绩效，也有衡量的困难，如图 6-20 所示就说明此一困难。

管理者负责的绩效有可衡量的与不可衡量两部分，例如，产量与质量都是生产部主管必须负责的，其中，每天生产的产量可以衡量，但顾客满意的质量可能无法衡量。

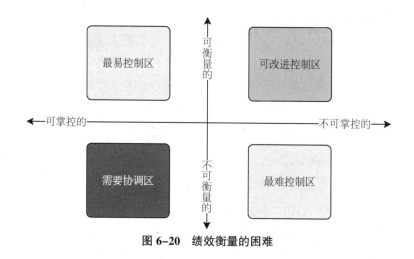

图 6-20 绩效衡量的困难

同样的，要产生预期的结果，可以将工作流程划分管理者能掌控的与不能掌控两部分流程，有一部分流程是管理者能掌控的，其他部分在别人的掌控之中。例如，要生产高质量水准的产品，生产部主管只负责生产流程，其他产品设计、原料采购、机器设备等流程，都不是他能掌控的。

根据上述观念，管理者的绩效可以划分为四个控制区块，他们的工作会因绩效的衡量性与管理者的控制性，而呈现不同的控制困难度：

● **可衡量—能掌控区块**：这是最容易被控制的情况，没有技术上的困难，例如制造部门的效率很容易衡量，因此绩效控制属于这一部分。 Measurable-controllable

● **可衡量—不能掌控区块**：通过衡量出的绩效，可以改进工作流程，这部分是需要运用某些技术来控制，以提高绩效，行销部门的绩效控制属于这一部分。 Measurable –noncontrol-lable

● **不可衡量—能掌控部分**：虽然绩效无法被正确衡量，但管理者能掌控正确的工作流程，一般的控制方法较难操作，但通过沟通、参与、合作，可以改进绩效，人事部门的绩效控制属于这一部分。 Unmeasurable-controllable

● **不可衡量—不能掌控部分**：这是最难被控制的情况，绩效无法正确衡量，管理者又无法掌控工作流程，这种情况下，组织需要做调整，而使产出绩效能被衡量，或让管理者拥有职权，掌控正确 Unmeasurable –noncon-trollable

的流程方法，研发部门的绩效控制属于这一部分。

绩效很难衡量，就不要衡量

绩效的衡量可能不容易，但真正的困难却是"不愿去衡量"，而不是"不能衡量"。管理人员对于绩效衡量有四项常见的错觉，这些错觉造成他们不愿认真去衡量企业绩效。这四项错觉是：

Managerial judgement can not be measured
Avoid criticism
Only accounting data are available
Quality of input is noncontrollable

（1）管理判断无法衡量。

（2）担心遭受批评。

（3）只能运用会计（财务）资料。

（4）投入要素的品质无法掌握。

以下针对上述错觉加以辩证。

就第一项而言，管理判断看似无法衡量，其实它一直在被别人"衡量"，只是管理者本身不想察觉而已。管理者所下达的决策，不管在事前与事后，都为人所注目而进行"衡量"（批评），这些人包括公司内部的上司、下属、同事以及公司外部的股东、银行家、同行、朋友等。如果别人都可以衡量管理者的管理判断，为何管理者无法自己衡量？如果别人都用主观的看法在衡量管理者的判断，为何管理者不能用相对客观的标准来衡量？

就第二项而言，担心受批评是人的天性，但批评别人也是人的特质。人都想要求别人负责，而自己逃避责任，所以每一位主管都认为下属的绩效很容易衡量，却认为自己的绩效有许多无形的贡献，所以无法衡量。每一位主管都希望"盯"住（批评、考核）下属，却希望自己免于"被盯"。如果下属的绩效表现可以衡量，则主管的绩效表现也可以衡量，因为他可能也是别人的"下属"；如果主管的绩效表现不能被衡量，则下属的绩效表现也不能被衡量，如果用这种逻辑推论，就不必谈绩效评估与考核。

就第三项而言，会计资料确是绩效衡量最真实而客观的资料，但它是事后发生结果的汇总，常无法反映某些非货币性的绩效（例如产品瑕疵率、员工向心力等），绩效的衡量还需要收集其他非会计资料，才能有更客观的衡量。

就第四项而言，许多投入要素的质量无法被掌握，但这不是无法衡量的借口，经理人还是要思考出衡量的方法。虽然质量无法全部计量化，但至少可以用**代理指标**，"质量"可以改进，但不能去"掌握"，而就绩效衡量而言，这些无法被计量化的项目常常是影响绩效的主因，经理人不能专挑容易衡量的项目来衡量，而不去理会许多重要却不易衡量的绩效要素。

Surrogate indicators

JIT 是日本人的专长?

JIT 的观念与制度虽发源于日本企业，但它不一定是日本人的专长，美国企业认为它的基本特点加上西方文化，能比日本人有更佳的表现[19]。

Harrison（1992）

如图 6-21 所示第一排显示日本式管理的特点，如果能够放弃日本独有的文化特点（第二排），回归第三排的 JIT 基本特点，然后加上西方文化的特点，就能够建立最理想的 JIT 管理。

日本式管理特点	-	放弃日本独有特点	=	JIT 基本特点	+	西方特点	=	理想 JIT 管理
小组工作		封建服从		小组工作		运动		运动精神
对工作忠诚		对公司		忠诚		个人主义		对自己负责
品管圈动机		群体行为		利益		运动		个人利益
工作受尊重		社会压力		工作价值		时间观念		新奇刺激
团结		缺乏自我		团队合作		运动与家庭活动		管理人员以身作则
弹性工作		服务		好奇心		DIY		个人机会 实现个人兴趣
长辈制度		传统保守		在职训练以经验做评估		社区活动		在职训练
终身雇用		传统保守		工作改变与晋升		变换工作		求新挑战

图 6-21　日式与美式 JIT 管理

 实例验证

1. 请以"投入—产出"系统来说明美利达公司的控制系统，即公司投入什么资源？产出什么？为顾客创造什么价值？

2. 请根据"投入—产出"的系统观念说明美利达公司从事哪些效率控制？哪些效向控制？并描述它们个别的控制程序。

3. 请以美利达公司应付 2008 年的金融海啸为例，公司进行哪些回馈控制？同步控制？前馈控制？

4. 请说明美利达公司对于生产部门的企业资源规划（ERP）采取哪一种责任中心进行控管？如果它想采取利润中心进行控管，应该具备哪些条件？

5. 请说明美利达公司导入丰田式管理必须建立哪些控制标准？丰田式管理能否采用双回控制？它的条件是什么？

6. 请说明美利达公司导入丰田式管理的过程它如何掌握 TQM 的七大原则？

7. 请说明美利达公司导入丰田式管理消除哪些丰田公司所提的七大浪费？

第七章 变 革

学习目标 研读本章之后，您将能够：

1. 认识环境动荡的特性

2. 认识变革的必要性

3. 认识变革的管理

4. 认识学习型组织

5. 了解三大危机管理模式

6. 认识流程改造与学习型组织的关系

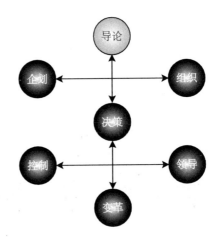

个案：实习企业

理论

环境的变动

　　　一、动荡与管理

　　　二、变动的本质

　　　三、变革的必要

变革的改造

　　　一、企业变革的种类

　　　二、变革程度

　　　三、规划变革

　　　四、危机管理

学习型组织

　　　一、学习模式的学习型组织

　　　二、学习与工作

　　　三、流程模式的学习型组织

　　　四、内部创业的组织改造

辩证

面对混乱环境，管理者如何寻找机会？

失败的标杆学习

"五项修炼"就是学习型组织吗？

学习型组织的疑点

管理万能吗？

实例验证

个案
实习企业

如果"管理学院"像医学院"教学医院"一样，设置"实习企业"提供学生实际的创业或经营活动的观摩或学习，体验管理教育的改革与创新，"管理学院"将是一个变革的组织。

从事管理教学，洪教授一直在孕育、实验、修正、整合学院的"实习企业"构想①。2006年转任中国文化大学，从推广"教育部"的创办理念与持续创新、学习的经验中，洪教授获得深刻启发。2008年他利用台北万芳社区地铁站旁，一个被草地、菜园、竹林、山丘三面环绕的私宅，开始实验"实习企业"。

这家"实习企业"已有三件实验计划。第一件实验计划是经营"洪教授单车店"，但这家单车店既不销售、也不维修单车，它为居住景美溪与新店溪沿线上班族提供"单车—地铁"转乘服务，让顾客从家里骑单车转搭地铁，不必再回家淋浴或换装，直接去上班，下班后再搭地铁，从地铁站取单车骑回家。

这是洪教授五年前开始实践的生活方式：每天从家中骑单车到景美溪单车专用道，享受河岸沿线的美丽风光，再经万芳路到"单车店"，全程约八公里。骑一趟单车全身流汗，然后在单车店冲凉淋浴，换上干净衣服，享用早餐，走一两分钟到地铁站，搭地铁上班。

构想中的"洪教授单车店"将引进高科技服务管理：顾客进门时，系统马上感应，引导客户进入店里"消费"，包括单车与衣物寄存、淋浴、换装等服务，会员愉快享用早餐，再轻松搭乘地铁去上班。下班后，单车店提供另一条地铁线的运送服务，顾客可以选择距离家里最近路线的地铁站取车。营运采用会员制，会员每月缴费一次，分1000美元、3000美元、5000美元三种收费方式，如表7-1所示的三种服务内容，提供会员超值享受。如果每月固定有70位会员，每月收入将近20万美元，就能损益两平。

表7-1 "洪教授单车店"三种服务内容与收费

	计次收费（美元）	月费（优待）（美元）	预计客户数	预计收入（美元）
单车保管	50	1000	30	30000
单车保养	50	3000 （包括单车保管服务）	20	60000
单车运送	50			
衣物寄存	50			
衣物洗涤	100			
淋浴	100			
咖啡餐点	100	5000 （包括月费$3000的所有服务）	20	100000

　　台北上班族的"单车—地铁"转乘服务需求决定"洪教授单车店"的营运，但要为潜在顾客创造这样的需求，需要再花费3000万~8000万元新台币的投资，包括在另一个地铁线车站旁开设连锁店，利用两家店提供两地运送单车的服务，这一投资的风险较大，洪教授还在试验、评估。

　　"实习企业"的第二件实验计划是经营"地铁农园市集"。地铁站旁的私宅可以作为农产品配送站，它像一座"地铁农庄"，旁边的地铁站就是"站配"农产品的转送站，采用会员制，会员搭地铁来买菜，或专人将菜配送到指定地铁站，会员到站自取，此一模式能大幅节约配送成本，又能让会员享受实惠、新鲜的蔬菜。

　　"地铁农庄"旁的菜园面积小，产量有限，必须与社区附近菜农合作，如果标榜"菜农采收，会员消费"的无菜单销售，会员每月支付5000元新台币，每月通过电话或网络进行"站配"200公斤蔬菜。若有100位会员，每月将有50万元新台币收入，能让20位菜农专心种植有机蔬菜，并确保会员能食用健康、高品质蔬菜。

　　此计划时机成熟时，例如木栅、深坑附近菜农整合成功，第一家"地铁农园市集"就能开张。

　　"实习企业"的第三件实验计划是"小太阳生活知识营"，这是与屏东县潮州镇公所合办的活动，"地铁农庄"每个月接待10位贫困家庭的孩子来台北游学，孩子周五放学后，由老师带领搭乘高铁来台北，洪教授亲自到车站迎接，每位小朋友发送一张悠游卡，一起搭乘地铁到"地铁农庄"，然后展开三天两夜的台北学习之旅，周日下午再搭高铁返回。

　　从2011年初到2012年6月，"小太阳生活知识营"已完成15梯次的接待，158位小朋友来访，合计40位义工参与。生活营的诉求是：孩子搭乘台北都市交通工具（地铁、缆车、公车），轻松游台北，熟悉台北都市生活（台北101商圈、动物园、学校等），通过观察、体验而学习成长。"小太阳生活知识营"给贫困家庭孩子以下启发：

　　（1）给孩子"家"的感觉："地铁农庄"不是旅馆、民宿、营地，它是道地的"家"。小朋友实际感受"家"的氛围，服务工作全由主人与义工亲手亲为，主人会严格要求孩子生活规矩，身教与言教并重。

　　（2）给孩子正确游台北概念：游台北不是为购物消费，台北不是只有水泥丛林，孩子要用心探索与体验（如体验地铁站旁主人如何创作一座"农庄"），才能学到都市特有的知识。

　　（3）给孩子考验与挑战：孩子在台北行走，给孩子独立观察机会，孩子亲自搭乘大众运输工具，靠自己摸索，随时让孩子回馈观察心得，同时给予考验（如孩子带领大人搭地铁回家，考验孩子认路本领）。

　　（4）给孩子梦想、动力：主人用梦想、热情装点"捷运农庄"，它不寒酸、简陋，崇尚自然、环保的居家设计代表主人品位，传达给孩子生活美学与热爱自然的理念，期许孩子：人生要有理想，理想需要奋斗。

（5）给孩子温情："小太阳筑梦之旅"活动由许多社团在背后赞助，包括水当当联盟、绿逗会社等，让孩子感受社会温情，体验台湾地区的美好。针对上述三件"实习企业"的实验计划，洪教授愿意开放给学生来实习，任何学生如果有好的构想，欢迎利用这所"实习企业"来实践、完成。

 理论

"实习企业"是一个不断尝试、学习、创新的企业，它不像一般企业用固定的经营模式与公司资源来经营，而是运用都市与社区的资源来开创尚未有人经营的事业，并提供创新教学的实验环境。

这样的企业也是一个不断在变革的组织体，在这里，变革不是抽象观念，而是行动，变革与学习都是"工作"，只要想到能创造价值的地方，不管条件资源是否具备，就全力去规划、探索、学习、整合。

勇于尝试，敢于创新是变革的基础，也是创新的来源，本章在构建企业从事变革背后的理论，第一部分探讨环境变动的原因与应对，第二部分介绍变革与改造的类型与方法，第三部分介绍学习型组织的理论、模式与发展。

环境的变动

世界已经变得非常动荡与混乱，唯一**确定**的是**不确定**，唯一**不变**的**是变**；试图以不变应万变，将不确定化成确定，已经不是应对变革的对策，唯有了解环境变动与混乱的本质，率先开启变动，才能不被变动撼倒。

Certainty

Change

处在动荡与混乱的时代，管理者必须体验三件事：了解动荡与管理、了解变动的本质、了解变革的必要性。

一、动荡与管理

学者将环境的动荡性分为五种水准，从低动荡到高动荡依次分别为[②]：

Ansof（1990）

Repetitive

Expanding

Changing

Discontinuous

Surprising

● **重复性**：事件很熟悉，且不断重复发生。

● **扩充性**：事件以熟悉的趋势在成长，可以外插预测。

● **变化性**：事件以可预期的方式变化，虽然对这些事件并不熟悉。

● **不连续性**：事件以可部分预期的方式变化，因为这些部分预期的方式是这种预期的连续。

● **惊异性**：事件以完全不可预期的方式变化，整个都不连续。

图 7-1　环境的动荡性

管理者必须根据环境的动荡水准选择合适的管理方式。21 世纪以来，动荡水准加剧，各种应对的管理制度不断发展出来，大致而言，这些管理制度的进化，可以分为四个阶段③：

Management by control

Management by extrapolation

Management by anticipation

Management through flexible/rapid reponse

● **控制管理**：在稳定环境下，利用稳定的标准，对产出加以检查、监控的管理。

● **延续管理**：环境有所变化，但保持过去经验的延续。

● **预测管理**：变化快速且不连续，但能够找出变化规律。

● **动荡管理**：很难找出变化规律，必须做现场快速响应。

1900　　　　1930　　　　1960　　　　1980　　　　2000　　　　2010

动荡水准	重复性	扩充性	变化性	不连续性	惊异性
控制管理	● 标准作业程序 ● 财务控制				
延续管理		● 作业预算 ● 资本预算 ● 目标管理			
预测管理		● 长期规划	● 策略管理 ● 科技管理	● 权变规划 ● 议题管理	
动荡管理				● 创新管理	● 危机管理 ● 意外管理 ● 灾难管理

图 7-2　动荡水准与管理制度的进化

二、变动的本质

当环境转变为惊异性动荡水准，管理者越来越难找到变化规律，而使得管理工作愈趋复杂，这种变动的本质来自以下三项：

1. 复杂

Complexity

大自然的因果关系并不单纯，任何事件都不是单纯的"行为—反应"，回馈使某一行动或事件**哺入**另一行动或事件，进而使连接的两个行动或事件具有某种关联，例如，某一厂商推出新产品，竞争对手做某些反应，又使该厂商再做下一步的反应，竞争对手又再做反应，回馈促使行动或事件趋于复杂，此一回馈关系可能是：

Feed-in

● **线形的**，或是等比例的，亦即该厂商推出新产品，竞争对手也做相对应的改变，推出类似的新产品。

Linear

● **非线形的**：厂商推出新产品，竞争对手不只推出新产品，连带大幅杀价，进而爆发价格战，非线形系统使回馈更加剧烈。

Non-linear

换言之，任何简单的回馈法则都会产生很复杂的行为，使投入与产出之间的因果关系变得复杂。

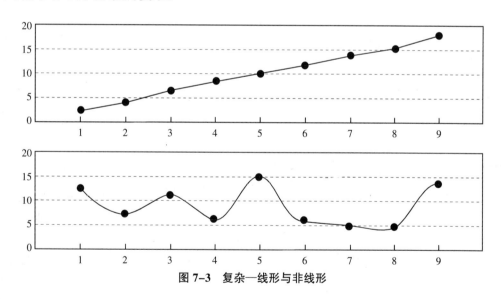

图7-3 复杂—线形与非线形

2. 混乱

Chaos

因果关系不连续、不稳定，并不以某种规则在运作，称之混乱，它是非线型回馈所产生的不规律形态。许多现状呈现的混乱很难掌握它的规律，加上诸多变量彼此连锁反应，产生相乘效果，想掌握它的规律几乎不可能，若将之延伸到未来，混乱会更加不稳

Financial tsunami

定，更难预测。例如，2008 年发生雷曼兄弟银行倒闭引发的金融海啸，全世界都陷在**金融海啸**的混乱中，这是因为全球化、金融、科技、市场诸多变量都产生关联，进而发生剧烈变动④。

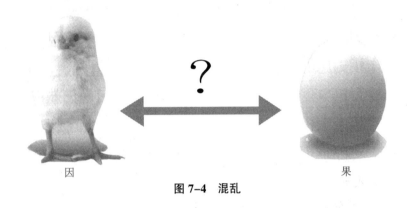

因　　　　　？　　　　　果

图 7-4　混乱

在网络时代，全球经济体系能够让任何人，将他的创意、机器、资金转化为商品卖到全世界，这对传统企业产生很大冲击，管理者几乎无法确认谁是真正的竞争对手，更遑论掌握它们的趋势变化。这种现象就如同大气中空气压力的微小改变，却极可能在气候系统产生巨大变化，而使暴风雨和热流产生相互强化的循环，形成台风。因此，想通过气压微小改变预测气候变化，几乎不可能。

Paradigm shift

3. 典范移转

典范是对所存在世界的理解、认知与思考的根本方式，当组织无法控制复杂或混乱时，管理者即使尝试着将混淆或不确定情境拉回到确定或稳定⑤，也很难回溯到原来静态环境，而不断变革乃是掌握不确定的最好对策。

虽然混乱行为常呈现无秩序与随机性，但不尽然完全不可控制，运用学习与创新，从混乱理出秩序，从不确定找出典范移转方向，未来动荡方向仍然可以掌握。管理专家将混乱环境下的典范移转整理为如表 7-2 所示的十项，在这样的一个典范移转的翻转世界，成功应掌握的法则是⑥：

Peters（1987）

● 组织架构简单

● 各事业自主

● 产品差异化、走机会市场

● 质量至上

● 服务至上

表 7-2　混乱环境下的典范移转

	过去/现在	未来
市场	● 大众市场 ● 大众广告 ● 激烈竞争以攻占市场 ● 营销功能完整	● 创造市场 ● 集中有利市场 ● 从接近市场、断裂市场中茁壮 ● 永不停止的产品差异化（不论是多么成熟的产品）
国际化	● 以美国为主的"全球性"厂牌 ● 附带国际化行动 ● 仅限于大公司	● 致力创造新市场 ● 开始在国外设厂，成为各种公司的主要策略
制造	● 重视产量、成本、硬件与功能完整	● 主要行销工具（为质量、市场反应力与创新的根源） ● 是产品设计小组的一员 ● 生产期短、具弹性，以自动化支持员工
销售与服务	● 次等服务，以搬动产品为主	● 英雄 ● 关系经理（与每一位顾客） ● 主要产品附加价值来源 ● 主要新产品构想来源
创新	● 极权化研发，以大计划为主 ● 以科学而不是以顾客为导向 ● 设计的新颖性较适用性与成品更重要 ● 仅限于新产品	● 以自动且分权的单位从事研发是每一个人的任务 ● 以顾客所能注意到的小改良为导向
员工	● 需要严格控制 ● 应以专业化，削弱其角色	● 员工为主要附加价值来源，不能过度训练或干涉 ● 成果共享
结构	● 维持阶层，功能完整	● 障碍撤除 ● 自主团队取代第一线主管 ● 中层主管是扁平组织催促者而不是监视者
领导	● 附加的、分析的、集权的策略规划 ● 以公司幕僚为主导	● 领导者爱好变革，洞察未来，有共同价值观 ● 策略由下到上形成直线主导
管理信息系统	● 一致而集中化管理 ● 以内部应用为主	● 使用信息与顾客、供应商连线 ● 分散处理
财务管理与控制	● 集权化 ● 财务人员像是警察	● 分权化 ● 多数财务人员是团队成员

● 市场反应灵活

● 加速创新

● 良好训练员工

三、变革的必要

面对复杂、混乱、典范移转，动荡是不连续而惊异，尚未成功的企业固须利用变革，抓住成功机会，已经成功的企业也必须利用变革，抛弃过去成功的原理，重新创造未来，两者都有变革的必要性。兹两者分别说明如下。

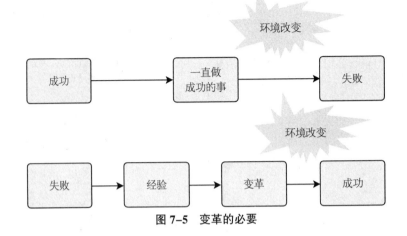

图 7-5　变革的必要

1. 成功企业的变革

对于成功的企业，**没有一件事像成功那样容易失败**；胜利的组织常被锁在潜在的致命矛盾中，因为**伟大的强点（长处）常是弱点（短处）的根源**：组织因为强大而倾向保守，只做自己最熟悉的事，管理者也倾向于将已经做得很好的事，再做得更好而已。短期而言，这种思想能带来成功，但长期却很致命：拘泥于现状将导致灭绝，将不对的事做得更好，并无意义，只在虚耗资源。

组织需要驱动，追求完美，但追求卓越并不是目的，它是一种很容易掉进去的陷阱，因为将制造质量提升到完美境界，达成高度顾客满足水准，都是相当不易的事。在更广的观点下，这只是为未来锻炼强健体魄的手段，目的在训练敏捷和体力，但不能作为最终的目的，尤其不能成为组织过分自信的骄傲，甚至自满。例如，像雷曼兄弟银行、通用汽车等过去很成功的企业，却走向破产，它们共同的理由是：**将一件好事做太久了**[⑦]。

2. 尚未成功企业的变革

对于尚未成功过或者经常失败的企业，动荡环境正是变革的转机，因为（在同样逻辑下）没有一件事比运用失败经验更容易帮助成功，"失败"至少没有卓越成功的包袱，较容易学习而启动变革。

变革不仅是改变而已，**改变的速度**比改变还重要，它强调要比竞争对手获取目前的**优势**还快地创造**未来的优势**。所以，变革在某一层面上是创新，它甚至是组织文化的一部分，创新组织必须鼓励变革，即使是做会失败的实验，也要鼓励，因为失败就是学习的机会。

总之，不管失败或成功，动荡环境不断产生"洗牌"机会，每次变局都是新的竞争开端，未来竞争是一场如何开创与主宰逐渐显现的商机，如何重划竞争空间的竞争。开创未来必须自绘地图，因而比迎头赶上更具挑战性。企业不应拿竞争对手的产品及流程为标杆，不应以模仿对手为满足，必须要能对明日的商机如何善用这些商机，建立自己一套独特的看法。突破比守成更有成就，让别人做开路先锋的公司绝对不会首先到达未来。⑧

G. Hamel & C.K. Prahalad（1995）

变革的改造

当环境产生动荡时，企业必须采取适当的变革改造应对，其中有些环境变化可以预知，应该加以规划以产生变革，有些环境变化无法预知，一旦发生时要进行危机管理。以下依序说明：①企业变革的种类。②变革程度。③规划变革。④危机管理。

一、企业变革的种类

企业变革可以分为以下五类⑨：

（1）**策略变革**：运用组织的产品、服务、市场、渠道等策略改变，实现变革。

Strategic change

（2）**技术变革**：运用组织的技术、生产流程、设备、生产方法等技术改变，实现变革。

Technological change

（3）**组织变革**：运用组织的结构设计、人员编组、工作设计等组织改变，实现变革。

Organizational change

（4）**人员变革**：提高组织人员的理念、技能、知识水准等，实现变革。

Personnel change

（5）**文化变革**：改变组织的共享价值、态度、文化、背景假设等，实现变革。

Cultural change

上述五种变革彼此相互依赖，组织很难只用一种变革来达到某一变革的目的，例如文化大学推广"教育部"的变革是全面的、例行的。要做到这样的变革，最难改变的是组织文化，特别是高层主管的态度与风格所影响的组织文化。所以，变革必须从高层管理者

做起，以创造一个开放、信任的组织文化，进而影响全部员工都 有
变革的意愿，使个人的价值融在组织的文化规范中，并鼓舞个人 接
纳所要求的改变。

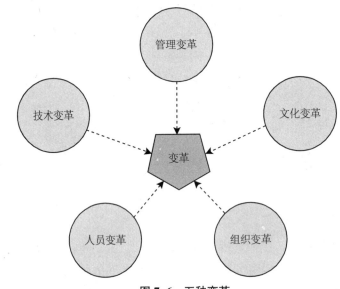

图 7-6　五种变革

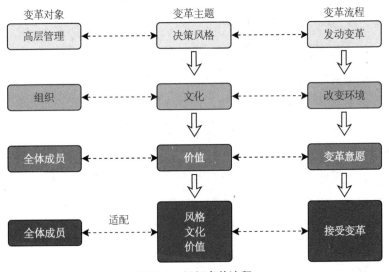

图 7-7　组织变革流程

二、变革程度

Continuous improvement
Benchmarking improve-
ment
Reengineering

变革可以依改造程度分为：渐进变革、跃进变革、革命性变革
三种，它们分别对应如图 7-8 所示的三种变革改造：①持续改善。
②标杆改善。③流程改造[10]。

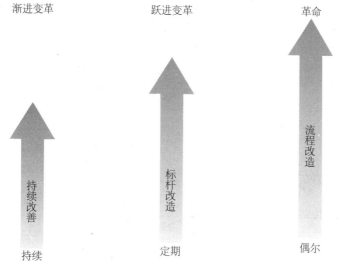

渐进变革　　　　　跃进变革　　　　　革命

持续改善　　　　　标杆改造　　　　　流程改造

持续　　　　　　　定期　　　　　　　偶尔

图7-8　三种流程改造

　　持续改善是经常执行操作的变革，**标杆改善**是以业界最佳的实务或流程为学习模仿对象，以缩短企业与业界最佳标杆之间的差距。**流程改造**是针对**企业流程**做根本的**重新思考**，**重新再设计**，以期在重要的绩效表现上实现大幅改善。上述三种改造观念代表要提升企业绩效的三种不同做法，日本企业强调采取持续改善，美国企业在 20 世纪 90 年代以后强调**流程改造**，因而产生美日两国在管理上的重大差别，形成日本的"全员式改善主义"对应美国的"英雄式创新主义"的管理派别。Business process
Fundamental rethinking
Radical redesign
Dramatic improvement

　　日本企业强调"改善"重于"创新"，管理者建立全体员工的全面改善意识，而其做法却是局部与渐进的——管理者要求公司全员随时不断地注意所有可能改善的大小事情。通过 PDCA，全体员工做自发性的改善，它的精神是现场主义、过程导向、渐进改造、自发主义，最终也会产生流程改造的创新效果。Plan-Do-Check-Act

　　相对的，美国企业强调"创新"重于"改善"，管理者特别看重外在商业本质的改变，例如，企业的创新应该在塑造消费者的体验，以及响应消费者变化多端的需求、行为和经验，而不拘泥于既有作业流程或现有产品的改善。所以，美国式创新主张企业应该与顾客共创经验，而不是硬卖某一特定产品给顾客；企业也不需要拥有所有生产资源，只要有取用资源的能力，能从连接全球供应链，找到专家与低成本的制造商合作，快速为顾客供应客制化产品①。美国企业的创新完全顺应消费者自主以及网络、科技、产业整合所推动的Prahalad and Krishnan
(2008)

	改善	创新
效果	长期，影响深远，但不剧烈	短期，但很剧烈
步调	小幅度的	大幅度的
时程	连续渐进的	间歇跳跃的
改变	稳定温和的	突发剧烈的
投入	每一个人	少数优秀分子
方式	集体意识，群体努力，系统导向	个人主义，个人的意念与努力
形式	维护，改善	舍弃，再造
动力	传统的技术，当前的技术	技术突破，新发明，新理论
所需条件	小投资，庞大的维护努力	大投资，小幅的维护努力
重点	人员	技术
评估标准	赢得成果的过程，与所下的功夫	成果，利润
适当时机	经济低成长时代	经济高成长时代

图 7-9 改善与创新的比较[12]

变革，Google 就是美国企业的创新代表。

Planned change

三、规划变革

不管是"创新"或"改善"，任何变革都要掌握它的方向与困难，然后加以规划，找出适当途径激活变革。

变革最大的困难在于如何应付变革引起的抗拒，著名军事学家马基维利说："没有什么比变革更为困难、风险与不确定，因为既得利益者视变革为毒蛇猛兽，百般阻挠，有心改革者视之为微弱希望，不敢挺身而出。"

组织成员面对变革，即使感到组织确有变革的必要，也常会逃避变革。他们常常以抱怨或怪罪来代替参与。他们怪罪上司没有授权，怪罪下属不负责，他们想做事、想改革，但没有职权；即使有权，也担心"侵权"而被人指责，所以，无力感充斥组织。

即使组织尝试转型蜕变，也很难突破旧有文化的抗拒，以致一次次的改革带来一阵阵的变动，但变动越来越趋麻痹，要推动的管理流程与实际操作的流程，渐行渐远，想完成的成果和实际发生的效益背道而驰。

Lewin（1951）

针对上述情况，**三段式变革模式**[13]能提供一个很好的规划变革架构。当组织要发动变革时，反对变革的既得利益者与赞成变革的支持者两种力量，相互较劲，如果两种力量相当，将维持现状，变革不会发生；如果赞成变革的支持力量大于反对变革的力量，变革将会发生。

变革是以"解冻、变革、再冰冻"三步骤进行的：

（1）**解冻**：揭露或提供信息，让组织成员感到目前的威胁或困境，期望改变以得到更好的未来。　　　　　　　　　　　　　Unfreezing

（2）**变革**：采取不同的方法或制度，让组织成员感到有所变化。　　Changing

（3）**再冰冻**：能让组织成员对新的制度或方法，感到有价值，　Refreezing
培养新的理念与共享价值。

 管理小辞典
变革的抗拒方式与反应方式

采用三段式变革模式，进入解冻阶段，管理者要了解受变革影响的单位或人员，掌握抗拒的力量来源，便于在**解冻**时，比较支持与抗拒双方的力量，加强解说变革的正面效益，排除误解与夸大，让支持者可以出掌重要职务，实现真正有效的解冻。

变革时，最好由容易变革的地方着手；当变革成功，最好乘胜追击，且要确保**再冰冻**，变革的效果必须快速扩散，并加强训练与教育，将变革制度化。

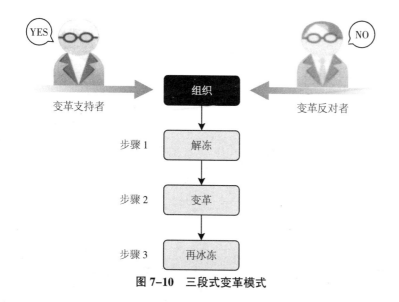

图7-10　三段式变革模式

四、危机管理

在动荡环境下，许多不连续、惊异的变化常让组织突然处于危机之中。危机是一种威胁基本生存或产生重大改变的形势，危机发生时，形势常往无法预料的方向发展，管理者要做出反应，时间非常有限，信息非常匮乏，如果处置不当，下错决策，将对组织产生重大威胁[14]；反之，即使被迫采取应变措施，最后应付得宜，将演变为成功的组织改造，顺利进行变革。

Rosenthal and Kouzmin (1997)

很多危机事件是想象不到的意外，初期不会受人重视，常延误危机最好的处理时机，等到真正产生紧急情况时，都是亡羊补牢，为时已晚，最后常演变成另一场危机。危机管理有 PPRR、3R、MPRR 等模型，兹说明如下。

1. 可以认知的危机：PPRR

当管理者能够认知到危机事件的发生，通常都会以四个步骤来处置危机：预防、准备、反应和恢复，构成 PPRR（2P2R）的危机管理模型，兹说明如下：

Prevention

（1）**预防**：高明的危机管理必须在危机爆发前就加以预防，任何会导致危机的各种可能性都要予以排除，而预防的重点包括：①环境分析：对与企业密切相关的环境进行产生危机的概率的评估。②找出可能导致危机的关键因素，并尽可能加以控制。③建立危机预警机制。

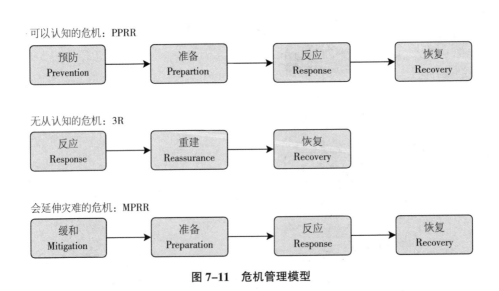

图 7-11　危机管理模型

（2）**准备**：提前设想危机可能爆发的方式、规模，并且制订应急计划，准备多套应急方案，以备不时之需。所做的应急方案应该能应付最坏的情况，不做侥幸想法。

Preparation

（3）**反应**：当危险爆发时，一方面要解决问题，降低伤害，另一方面要隔绝危机，避免危机蔓延。

Response

（4）**恢复**：危机过后，需要对恢复或重建进行管理。恢复和重建不仅意味着恢复危机中所受到的损害，更要恢复受害人的精神损失，尤其要避免重蹈覆辙，将会发生危机的漏洞弥补起来。

Recovery

2. 无从认知的危机：3R

如果危机发生于外部环境，它的防患不在管理者原先规划的风险之中，发生后也无法预料它的后续发展，2P2R 模型就很难适用。例如，2003 年第一次发生"非典"疫情、2008 年发生的金融海啸、2009 年的"八八"水灾，属于这类危机。它是一般人无从预知的危机，所以也不会在发生前采取预防（第一个 P），后续的准备（第二个 P）更做不到，只有等到危机事件被充分认知到，组织才会采取直接的反应（第一个 R）。所以，当环境发生惊异动荡，危机降临前没有预警，企业的危机管理是 3R 模型：

（1）**反应**：对危机做实时且直接的处理。

Response

（2）**重建（信心）**：实时的危机处置无法弭平伤害，需要进一步消除人们对危机的疑虑，扫除人们心中对危机未除的阴霾，重新建立员工或顾客的信心。

Reassurance

（3）**恢复**：使企业所有的营运或作息活动都恢复到危机发生之前的水准，甚至借着危机改除企业的积弊，将危机化为转机，重新振奋员工士气，再行出发。

Recovery

3. 会延伸灾难的危机：MPRR

如果危机不是只有单纯的一件事件，它会从一件事件中发展出许多延伸事件，而 3R 模型只针对单纯一件的危机事件，企业在应付该事件时，必须同时针对其他可能发生的延伸事件加以关注，如此危机管理就要采取 MPRR 模型：

（1）**缓和**：企业必须努力去减缓已经产生的危机，降低危机的损害影响。

Mitigation

（2）**准备**：采取应付下一波可能发生的危机。

Preparation

（3）**反应**：对已经产生的危机事件采取适当处置措施。

Response

Recovery

（4）**恢复**：全力克服危机，恢复原本面貌。

例如，当"非典"疫情暴发时，企业必须减少员工外出，以减少 员工被"非典"感染的机会（缓和），同时增加备料（准备），以避免 交通管制所发生的缺货；如果有员工遭受感染，立即做出关厂举动 （反应）；最后，危机解决后，致力于重新修补可能的损失（恢复）。

学习型组织

Learning organization Daft（1997）

针对环境的动荡，组织要从事变革，管理者必须改变领导方式，建立新的组织运作，使每一位员工从事工作变革。亦即促使员工确认工作问题，并主动加以解决。由于他们的工作决策是自发、自主的，组织允许他们不断从事实验、改变、创新，他们需要**不断学习、成长，提升工作专长**，这种组织称为学习型组织⑮。

Enabling organization to continuously experiment, improve, and increase its capability

学习型组织因为学者强调以学习作为组织建置元素而受重视，但是，纯粹以**学习**为元素的组织⑯，实务上除了给予员工训练、进修外，很难制度化，至于要如何通过管理制度进行组织变革，并为提出对策。为此提出另一学习型组织：流程模式学习型组织，来改正这派理论的缺点。

Learning

以下首先介绍**学习模式**学习型组织，然后分析学习与工作的关系，并根据这一关系另外提出流程模式的学习型组织，最后解说采取**流程模式**学习型组织的一些疑点。

一、学习模式的学习型组织

Learning model Senge （1990）

学习模式的学习型组织重点放在"学习"上，它是组织成员采取自我超越、改善心智模式、建立共同愿景、团队学习、系统思考⑰等五项修炼的学习元素，使组织成员具备激活变革的能力，从鼓励组织成员集体"学习修炼"来建立学习型组织。它是一个促进个体不断互动反省，促成集体学习，使组织的**专长**累积、扩充，足以开创新事业、创造新价值，对于这样的组织，学习既是一种修炼，也是一个不断循环的**学习轮**。

Competence

Wheel of learning

Mind-set

所谓修炼是改变人的**心智模式**，通过日常的耳濡目染，与环境的互动与刺激，改变人的认知与感觉，逐渐将新的价值内化为态度与信念，形成持续性的深层学习循环。它的过程从问题开始，但不以发现答案（理论见解）为终止，还要进一步实验这个见解，最后做检讨。因此"问题、见解、实验（行动）、反思"构成学习的四个步骤，如图 7–13 所示，而一组学习循环完成后，再导引另一组循环，反复进行"学习"⑱。

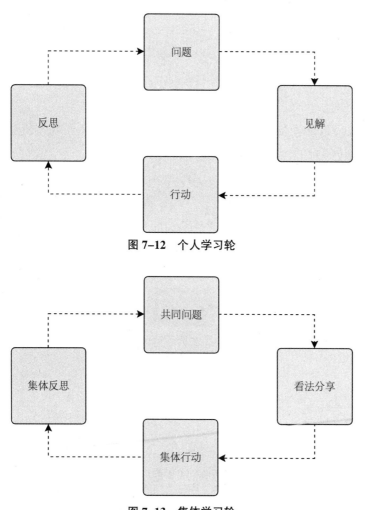

图 7–12 个人学习轮

图 7–13 集体学习轮

在学习过程中（或学习轮的转动中），主管必须扮演**教练**角色，他必须先启动自己的"学习轮"，再起动"集体学习轮"，如图 7–14 所示，然后激发每位团队成员也启动自己的"学习轮"。其过程是：

教练的"个人学习轮"→共同的"集体学习轮"→团队成员的"个人学习轮"

　　启动团队成员的"个人学习轮"并不容易。每个团队成员都有自己的想法和需求，对事务的反思不一，教练一定要将工作所要探索的问题"套进"团队成员的"学习轮"，然后转动"学习轮"。

　　（1）**教练启动自己的"个人学习轮"**：很多人从未启动自己的"学习轮"，他们没有遇见任何问题，也从来不去寻求任何解答，即使自认为自己在学习，也很少经历所有学习轮的四个过程。

　　（2）**教练促使团队成员在学习"自己"的问题**：如果"问题"不是员工的问题，他的"学习轮"不会启动与运转。学习必须是解决自己想探索的问题，进而接触信息，找见解，针对见解做实验，知道哪些见解不能解决问题，哪些见解可以解决问题，彻底了解问题与答案后，最后还要"反思"，体会事务的原理。

　　（3）**双轮同步转动**：所谓双轮是"个人学习轮"与"集体学习轮"，教练想办法让团队成员进入"学习轮"，每位团队成员的"个人学习轮""罩"在"集体学习轮"之中，成员平等地一起"集体学习"。它的意义是"个人学习轮"与"集体学习轮"彼此交流，各有其相对应的交流阶段，两者之间的关联如图 7-14 所示，而其对应关系如图 7-15 所示。

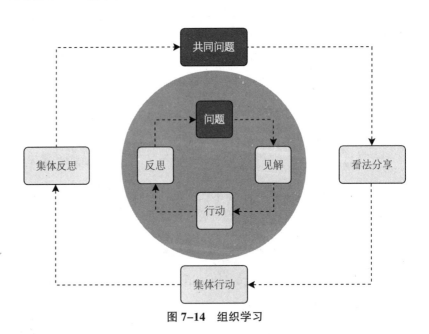

图 7-14　组织学习

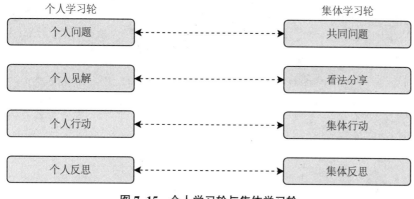

图 7-15 个人学习轮与集体学习轮

学习模式的学习型组织强调创造良好学习环境，改变员工的思维模式，建立组织的**学习文化**，促使**组织转型**，使组织形成以创新为业务的全员参与式组织。这样的"团体学习"组织有下列特点⑲：

（1）鼓励互动，利用正式与非正式的沟通分享观念与信息。

（2）鼓励参与，排除参与障碍。

（3）开放组织的信息，让两种原来不相关的信息相互碰撞。

（4）鼓励探索。

（5）鼓励人们产生成果，不是只有想法。

Learning culture
Wycoff & Richardson
(1995)

二、学习与工作

学习模式的学习型组织创造良好学习环境，但是，通过学习活动，员工的"工作"是什么？应该参与哪些决策？应该从事哪些改造？组织能实际创造多少价值给顾客？如何将传统科层式组织改造为学习型组织？学者没有正面回答。

如果将学习型组织定义为"员工有**全貌愿景**，拥有一切信息，能制订任何市场不明的**新兴策略**，且能对顾客的最终满足负责"的组织，学习型组织的重点在全员参与和价值创造，学习只是元素，如何将学习元素转化为价值产出，才是学习型组织的重点。

Overall vision

Emergent strategy

组织如何将员工的学习转化为具体的价值？它取决于员工参与组织决策的工作流程，能建立这一流程结构，学习型组织才真正具体成形，它与第四章讨论的流程改造式组织有极密切关系，这一关系如图 7-16 所示。

员工参与组织决策有策略决策与作业决策两种，如果两种决策全部集中于高层主管，这是图7-16的传统科层式组织。如果策略决策集中于高层主管，但作业决策授权给基层员工，这是图7-17的流程式组织[20]。传统科层式组织转型为学习型组织必须经过两阶段：①流程改造：促使基层员工直接参与工作流程决策，独立改造自己的工作。②策略改造：促使基层员工直接参与策略决策，提升组织创造的价值。

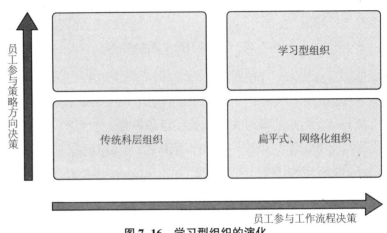

图7-16 学习型组织的演化

图7-16说明组织要经过两个步骤：流程改造与策略改造就可以转型为学习型组织。学习型组织的重点在于全部员工是否具有策略价值的创造能力，这一价值正好是第四章**流程改造式**组织所追求的目标。

流程改造式组织强调组织的决策权不在主管身上，而在现场员工身上。在一个以顾客为依归，所有流程都在为顾客产生价值的组织，现场员工才是最有效的决策者。如果流程改造由现场员工负责，他们主动改造自己的工作，而不是被动接受主管的指令改造工作，流程改造式组织就是学习型组织。

所以，学习型组织的重点不是抽象的学习，而是具体的流程工作与价值。在组织中，价值是由一连串"工作"组成的"流程"创造的，当组织促使任何员工都能自主为他本身工作创造更高价值，就是学习型组织。所以，学习型组织的"学习"应该转化为"工作"，创新工作构成学习的本质，才不会造成"学习=不工作"的误解。学习、工作、价值三者的关联是：

● 组织工作 = 为顾客创造价值的工作

● 当"工作＝学习"，学习才回归为顾客创造价值的本质上

● 当"工作＝学习"，工作者才有独立、自主创造工作价值的能力

● 学习的本体就是创新工作，或者是改造工作

总之，如果学习模式的学习型组织的"学习"改为"工作流程"，"学习"就更能具体操作，并且进一步用"工作"、"决策"将学习型组织制度化。

三、流程模式的学习型组织

Process model

流程改造式组织将组织视为各种不断传输价值的流程、人员不断从事工作改造的组织。组织释放人员的创造或创业活力，让每位员工能够持续改善或改造流程，为顾客创造最大价值，它就是学习型组织，或称为"流程模式学习型组织"，用以区别只强调学习机制的"学习模式学习型组织"。

流程改造式组织是一个不断尝试变革的组织，现场员工主动根据本身工作是否需要创造更高价值，而从事持续改善、标杆改善或流程改造，现场员工的工作融入组织中不断传输价值的流程中，由全员质量管理（TQM）或及时管理系统（JIT）进行控制，创造更高价值。

所以，流程改造式组织必须有很强的学习机制，创新成为组织运作的最重要的元素。由于不同组织对学习、创新、工作、价值等元素的实务运作并不相同，加上这些元素很难从研究调查去归纳与描述，借用文化大学推广"教育部"的个案，对应它内部实际展现的流动系统，用以解说流程改造式组织，能精准掌握组织从事变革的四大特质如图 7-17 所示：①创造价值。②学习实验。③工作改造。④内部创业。兹解说如下：

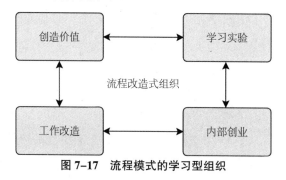

图 7-17 流程模式的学习型组织

Value creation

1. 创造价值

组织是一个不断传输价值的流程，工作在为顾客创造价值，组织工作不在强调企划、协调、控制，而是在为顾客创造他们所需要的价值：速度、清洁、弹性、质量、服务。以文化大学推广"教育部"为例，它的空间、清洁、接待、课程设计等都是价值创造的工作，它们都是持续改造，不断改造工作，提高创造的价值。这些工作的改善或创新目的不在取悦长官，而在取悦顾客。

当工作本身无法创造价值，就表示这一工作需要删减（也是一种改造），但它不是删减人员或职位，而是重新去启动其他新的（改造）工作。

Encouraging experimentation

2. 学习实验

如果价值创造不出来，工作者要负完全的责任，这不表示他必须辞职、降级、减薪、记过，而是他要找出失败原因，加以改善，直到能创出预想的价值为止。即使最后证明改善还是失败，但工作者能够学习到经验，这是真正的学习核心。学习并不是**不会犯错**，

No mistakes

Knowing my mistakes

而是能够**知道自己犯的错**，从犯错中汇整知识、创造知识。文化大学推广"教育部"每一个进修课程都是学习实验的产物，它的失败率虽然高达 50%，其他的组织可能不敢面对这一失败，所以不愿学习实验。学习型组织必须有忍受失败的准备，鼓励实验，甚至以准备失败作为学习机会，失败了，勇敢"检讨"，再出发。

Job redesign

3. 工作改造

工作以创造价值为考虑，工作的本质不在方便工作者持续重复同样的动作，以减少可能的错误，并将所须负的责任减到最少。相反的，工作者要为创造的价值负最大责任，为此，工作者必须不断持续改造（自己的）工作，而不是持续做固定的工作。当一件工作已经无法改造时，而必须"持续重复"时，它的意义有二：

（1）表示工作做得近乎完美，应"交棒"给别人做，自己专心做其他工作的改造。所谓"交棒"包括授权、训练他人，由他人来接掌自己已经得心应手的工作[21]。

（2）表示本身能力无法再对工作进行改造，则应**学习**。

例如，洪教授规划"小太阳生活知识营"活动，当活动行程都已演练设计完成，就"交棒"给其他义工来执行整个活动的带领，洪教授继续寻找或设计能够创造整体价值的其他活动。所以，流程

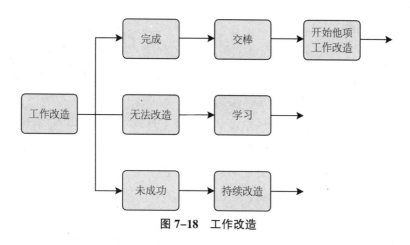

图 7-18　工作改造

改造式组织的员工只做"改造的"工作,不是员工舍弃工作本身,单纯从事研究或企划等工作。它应该是在做事同时也在学习改造工作的方法,这是**做中学**,或者**工作=学习**。

　　Learning by doing

　　注意,**工作=学习**的意义是自己的工作自己改造,不能委托别人(专家)代为改造,然后自己接续"不必再改造"的工作。

管理小辞典

工作者改造与专家改造

　　同样要进行工作改造,由工作者自己改造比请专家改造有更佳品质,理由是:

　　(1)**工作者最清楚本身工作**:工作者本身最清楚如何有效率工作,但组织常让工作者无法全力改善其工作,原因是任何改善都会牵涉其他单位的配合;此外,工作者最大盲点就是"效向",他们不知道工作的价值,组织也不允许他们擅自创造价值。所以,问题的根源是"组织",是组织不让工作者改造,而不是工作者不愿、不能改造。

　　(2)**专家改造更麻烦**:如果组织请专家代替工作者改造,表示组织赋予专家改造权力,矛盾是同样的权力为何不能给予工作者,而必须给"专家"?然后造成工作者与专家的矛盾。可以想见的,除非组织很支持、专家很有权威,否则专家的改造未必能比工作者的改造有更好的品质。

　　所以,改造自我的工作,很难找人代劳,无法委托诸顾问专家,必须由工作人员自主、自发地改造。

Intrapreneurship

4. 内部创业

如果每一个员工都有工作改造的正确观念，他们在组织的真正职责是"创业"，组织是协助员工"创业"，帮助每位员工在组织内部当老板。"当老板"的意义是[22]：

● 组织给予工作者权力，让他们有权改造工作，让他们尽其所能地运用组织资源，为组织创造最大价值。

● 工作以产生最终价值的成果为考虑，不需理会自身工作是否越权，是否让其他同仁感到不自在，是否得罪上司。

"内部创业"是学习型组织最难建立的特质，因为很多组织无法建立让员工内部创业的机制。更困难的是，并不是每一位员工都能够当老板，有些人没有能力创业，有些人没有意愿创业。但是，一个学习型组织必须帮助员工当老板，不敢当老板的员工就要面对淘汰；不想被淘汰的员工就要学习"被改造"，直到要每一位员工都能当老板为止。

四、内部创业的组织改造

Bartlett and Ghoshal (1996)

"内部创业"涉及权力释放，必然也牵动组织改造，但组织应该如何改造？学者主张组织必须往释放员工创业活力的方向去改造[23]，结合上述论点，内部创业组织的改造可以归纳为四个原则：

（1）只要员工想为顾客创造价值，组织就要给员工"尽其所能地运用组织资源"的机会。

（2）只要员工无法为顾客创造价值，组织就要给他学习创业的机会，直到他能创造为止。

（3）为顾客创造价值之前，要先为组织内部工作同仁创造价值。

（4）主管的"工作"是让下属做到以上三点。

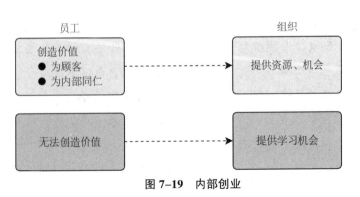

图 7-19 内部创业

通过上述四个原则的改造，组织自然产生变革，变成一家以内部创业为导向的学习型组织，其运作原理是：

（1）**组织提供资源机会**（做到第一个原则）：组织要有一套严谨但简单的报告系统，加上一套能够衡量价值创造的绩效考核系统，以反映"创业"员工所用的组织资源以及所创造的价值。

（2）**组织提供学习机会**（做到第二个原则）：组织必须放手让员工自发性地改造自己的工作，因为，没有更适合的第三者能教别人该做什么，或不该做什么。所以组织要创造一种学习的环境，让员工懂得如何学习任何能为他创造价值的知识或技能。而第一个原则的报告系统与绩效考核系统就是很重要的学习工具。

（3）**组织提供资源机会创造内部价值**（做到第三个原则）：虽然组织最终的功能是服务外部顾客，但做好这件事之前必须先服务组织内部成员，也就是涉及传输价值给外部顾客的价值链上所有相关工作同仁，都应视为（内部）顾客。如此，每一部门与每一个人都是内部顾客或供货商，只有每一个人**为下一级流程的"顾客"创造最大价值**[24]，组织全体才能提供最大价值给最终外部顾客。

Next operation as customer

（4）**主管是教练**（做到第四个原则）：在一个工作改造的组织体系下，主管的工作是帮助下属改造或创业，他不再是下属的控制者，他是**教练**，为创业的下属提供援助与指导，激发下属的潜能，帮他们开发创业所需的技能，并将他们的努力整合为公司整体的**核心专长**，使公司分散在各人、各单位的知识与能力能聚集、蓄积成组织的专长。所以他更要具备领导能力，而所谓领导不是操弄权力，而是下放权力，**促使下属掌权**。

Manager as coach

Core competence

Empowerment

 辩证

在因果关系不连续、不稳定的情况下，无法预测未来，更无从企划未来，混乱环境使管理所依赖的"企划、组织、领导、控制"系统很难顺利运作，管理者如何寻找机会呢？如何制订策略？学习型组织是否能有效面对？管理是否能应付环境变局？这些问题是本章辩证的主题，也是本书对未来组织与管理前景所提出的辩证。

面对混乱环境，管理者如何寻找机会？

当环境某种要素发生变化，其规模大到企业熟悉范围之外时，

10X change

这种变化力量具有较传统要素强十倍的巨大变化，称为**十倍速变化**，十倍速变化使企业"不但失去控制权，而且不知道如何找回控

Grove（1996）

制权"⑤，组织面对这种混乱、未知，一向管用的做法都没用，管理者不知何去何从：一方面不得不紧守着日益萎缩的市场，另一方面又不敢贸然投入稍有曙光的商机；一方面想坚守组织长期坚守的理念，另一方面又想抛弃过去的理想。

Strategic inflection point

在混乱中，当十倍速变化来临前，正是企业的**策略转折点**，管理者寻找机会的方法是：

Coexisting with ambiguity and paradox

（1）**学习混乱与矛盾共处**：机会常存在混乱与矛盾之中，管理者必须从看似不相干、彼此冲突的事物中，求取平衡或进行变革。管理者不能因为矛盾事物超乎理解或控制，就束手无策，反而必须学会如何从吊诡中理出头绪，从冲突中找出平衡，环境本来就充满

Handy（1995）

吊诡，管理者无须去解决它，但要加以管理，学者比喻**与吊诡共处**就像坐跷跷板，对立双方必须接受彼此的矛盾，摸索互利的窍门，掌握能让双方平衡的原理㉖。

Surveillance

（2）**雷达侦测**：把周围环境变化都当作雷达银幕上的影像，虽无法指出模糊影像的意义，但继续观察，注意最接近的东西，它的速度、形状，并且不能忽略雷达边缘的信号，因为它们可能改变方向与速度。

Noise and signal

（3）**辨别杂信与信号**：有些变革信号非常明确，多数不清楚，一般而言，现场干部较能掌握信号，绝不能轻视他们的预言，此外，管理者必须经常询问㉗：

- 竞争对手换了吗？
- 相关协作厂商换了吗？
- 过去表现杰出的干部是否迟钝、掌握不住局势重点？

Two curves

Morrison（1996）

（4）**辨别两条曲线**：图7-20是两条曲线构成的，一条在往下降，一条在往上升，学者㉘认为资本、生产、电脑、财物、工程等都处于往下降的阶段，知识、消费、网络、人员则处于往上升的阶段，

管理者必须辨明两条曲线的变化，准备转移到另外一条曲线。

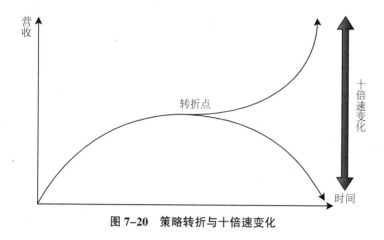

图 7-20 策略转折与十倍速变化

失败的标杆学习

很多管理者认识到变革的必要，也致力于导入变革。他们了解变革的风险，减少变革失败风险的做法是**标杆学习**：以公认成功典范企业的**最佳实务**做法作为标杆，并以它们的绩效表现和经验作为努力学习的标准。

Benchmarking
Best practice

例如，日本丰田汽车的"全面质量管理"（TQM）是许多企业学习模仿的标杆典范，但少有企业的学习能超越丰田。很多企业还因为学习而误认为自己具有世界级的管理水平，疏忽本身还欠缺且需要重大改革的地方。

Toyota Motor

标杆学习最容易失败的地方是：管理者只挑选最显眼（最多人注意、称颂），但经常只是外表而不重要的实务做法。例如，很多企业将丰田式管理的七个浪费或及时管理（JIT）系统视为圣经，一味模仿它的零存货管理，致力于降低存货周转率，忽略全面质量管理背后的经营理念以及管理者对持续改善的坚持。这样的学习经常 挑错了学习方向：只学到别人的做法，没有学到别人的想法。

标杆学习另一个容易失败的地方是：每家企业各有自己的独特环境，每个组织需要改造的地方都不相同。同样的标杆，各家的效果不同，完全抄袭别人的做法，他的良药却可能是我的毒药。

很多企业顾问就像传播花粉的蜜蜂一样，从甲公司学到的某些成功做法，就将它视为标杆模型，热烈推销给其他公司。管理者受怂恿而盲目地导入标杆学习，却没有深入反思这些标杆能够成功的背景环境，也不去想自己的组织是否具备这些成功的背景要素。学者 批评管理者对于标杆学习的反思都太浮面，缺乏对成功案例背后的 逻辑与环境背景做深入的了解，太迷信成功标杆的特例[20]。

Pfeffer and Sutton (2006)

尽管有上述陷阱，标杆学习不尽然一定造成"水土不服"，管理者要正视它的缺失，多深入了解它背后的逻辑与环境，真正学到标杆背后的精髓。

"五项修炼"就是学习型组织吗？

现有学习型组织的理论都太抽象[30]，并没有提出行动架构，主要在阐述学习原理，员工学习五项修炼后，充其量只是了解什么是"学习"，但组织很难进行规范性的实践，如果没有"组织学习"，就不算是实践，顶多只是"个人学习"，一切又回到原点，组织也无法改造为学习型组织。

Garvin（1993）
Systematic problem solving
Experimentation
Learning from past experience
Learning from others
Transferring knowledge throughout organization

学习型组织必须能在日常业务中不断进行下列五种活动[31]：

● 有系统地解决问题。

● 以新方法从事实验。

● 向过去的经验学习。

● 向别人的经验学习。

● 全组织快速有效传输知识。

上述学习必须加以追踪、衡量，以测试组织是否转型为学习型组织，管理者必须经常就以下三个阶段评估：

● 认知阶段：观念的改变。

● 行为阶段：行为的改变。

● 改善阶段：有具体的改善成果。

组织转型就是从认知阶段进化到行为阶段，再进化到改善阶段，而不是只在认知阶段或行为阶段踏步。

学习型组织的疑点

　　学习型组织是一个很新的理论与观念，虽然学术文献的讨论很多，但实务界尚少有组织合于要件者。实际学习型组织究竟如何运作，本章建议采用四个改造原则建立内部创业为导向的学习型组织，这四个改造原则能够有效运作吗？内部创业可行吗？员工是否因具有"绝对权力"而以权谋私？组织是否会产生分崩离析？兹根据以上疑点，辩证并说明如下：

　　学习型组织强调员工创业，从某一角度来看，组织必须释放资源，由员工自主调配使用，使创业的员工，不会受到资源限制，才能帮助员工创业。这种情况会产生以下问题：

　　（1）组织失去对员工的控制。

　　（2）员工容易"以权谋私"。

　　（3）员工相互竞夺资源。

　　（4）组织冲突增加。

　　换言之，在创业前提下，员工拥有自主权力，会相互竞夺创业资源，以致各行其道。每个人都膨胀自己的可控制资源，只管自己创业，不愿帮助别人创业，而使组织成为一个各自营私的集团，使管理失控，罔顾公司整体利益。这种情况是最差的组织改造，而偏离学习型组织。

　　学习型组织对资源的**控制机能**相当严格，不亚于一般组织。价值创造就是一种控制机能，因为组织所创造的价值最后都要通过市场考验，绝对不会发生人员将工作改造成"以权谋私"的工具，理由说明如下：

Control mechanism

　　（1）创业是一种整合，唯有通过整合，价值才能最大。若工作改造只是资源的分割，将价值"分割"到能让单人独立完成，最后组织所创的价值将非常有限。

　　（2）个体无法脱离组织而独立作业。组织为顾客创造价值的工作，是需要众人合作完成的工作，如果员工只专注自己的工作，且竞夺别人的资源，而不与其他人合作，这类工作通常都不具有最大的顾客价值。例如，工程师设计的东西，若非相关人员的服务配合，只是实验室的实验，没有市场价值。

Entrepreneurship

（3）工作具有**创业精神**，就是创新，且是突破性的创新工作，个体更需要组织或他人的协助才能完成。所以，学习与别人合作，是工作改造最主要的课题，这种团队学习将促成合作，而不是分割。

（4）为了培养创业精神，组织应不断给予个人学习的机会，主管掌握了这个机会，主管要给予员工强烈的愿景与使命感，使 他愿意"尽其所能地运用组织资源"，创造最大的价值。

（5）当员工有自主的工作改造意识，表示组织价值观已经重建，结合"顾客导向"的价值观，员工更能发挥潜能，全力创造，而所有的价值创造工作都需要团队合作，所以人员更能相互沟通、相互尊重。

管理万能吗?

管理可以解决人类面临的危机与问题吗？答案是：有时它不仅无法解决，它本身就是一大危机与问题。2009 年 8 月 8 日台湾地区发生的水灾是具体例子，一向运作正常的管理机制让官员错判灾情，一再做出错误决策。当时，如果有官员恢复现场判断，放弃他们所依赖的管理机制，决策可能不会太离谱。

这是管理最失败的地方：它让管理者认为万能，从不怀疑它的失能。就像年轻的因纽特人相信他们所骑的摩托雪橇性能很好，殊不知摩托雪橇也会发生故障，而让他们冻死在离家门仅有几英里的地方。

Minzberg（1989）

管理最擅长的能力是控制：控制流程、控制员工、控制市场、控制未来、控制任何可以控制的东西，包括政府、消费者、大自然。它让一切都在控制之中，让组织不会迷失、不会脱轨，完全遵照所设定的目标、安排好的计划"排演"。

为了达到完全的控制，管理把无法控制的东西删减、消除、降低、压制，使它们消失或顺从，而不是通过创造、联合、培育，使它们成长或繁殖。这种控制手段导致价值减损，而不是价值提升。不幸的是，这些减损或提升都不会反映在财务报表上，因为报表所揭露的绩效也是"一切都在控制之中"。

最后，管理者成为控制系统的既得利益者，他们变得贪婪，努力建立控制更严格的系统来打压挑战者。他们借助各种组织变革理论，表现得更像改革者，以更生动的改革口号来反击挑战者，目的只为了分化挑战，而不是回归服务顾客、为顾客创造价值的使命㊿。

 实例验证

1. 请说明在动荡环境中，管理者应该如何掌握变革，并从事哪些变革管理的工作？

2. 请说明洪教授的实习企业所从事的管理教育变革，具备哪些典范移转？

3. 请比较一般管理教育的改革与洪教授的实习企业所从事的管理教育创新，两者有何差异？如果创新失败，洪教授如何面对失败的风险打击？

4. 如果"洪教授单车店"或"地铁农园市集"委托你/妳来经营，你/妳如何将它打造成一个学习型组织？

5. 请说明一个学习型组织在经营"洪教授单车店"、"地铁农园市集"或"小太阳生活知识营"时，它们的个人学习轮与集体学习轮是如何转动？

6. 想象某一企业想导入"流程模式的学习型组织"，聘请你/妳当顾问，你/妳会提供什么建议？

各 章 附 注

第一章

①此处"目标"包含"目的"的概念，第三章将对两者的差别有详尽的说明。

②Manager 可以指任何执行管理工作的人，也可以指一种头衔，前者称"管理者"，后者称"经理"。

③"组织"与管理有极密切的关系，它是管理学的一项独立课题，将于第四章解说，此处请以一家企业视之。

④例如雇请工人搬家，如果缺乏"管理"，此一投入可能产生"搬完家，东西却掉了"的结果，如果要确保满意的目标，需要执行许多工作，才算有"管理"。

⑤Peter F. Drucker, Management: Task, Responsibilities, Practice (N.Y.: Harper & Row, 1973).

⑥这些定义是已故陈振铣教授提出的（1976），收录在此，以纪念这位管理先辈。

⑦"管人"的意义是通过他人做事，而不是狭义的"指挥人"，因而所管的人未必是下属，请参考本章"辩证——谁是管理者"。

⑧有些学者列举五种管理功能，本书将"用人"包括在"组织"功能中；上列四种功能都是动名词，其中"企划"特别标示"刀"字旁，以别于名词的"计划"。

⑨Henry Mintzberg, The Nature of Managerial Work (N.Y.: Harper & Row, 1973).

⑩Robert L. Katz, "Skills of Effective Administrator," HBR (Jan.–Feb. 1955), pp. 33–42.

⑪Henri Fayol, General and Industrial Management (N.Y.: Pitman, 1949).

⑫Elton Mayo, The Human Problems of an Industrial Civilization (N.Y.: Macmillan, 1933).

⑬Douglas McGregor, The Human Side of Enterprise (N.Y.: McGraw-Hill, 1960).

⑭这是有名的霍桑研究（Hawthorne Studies），原本想研究灯光等工作环境因素对工作效率的影响，意外发现人际关系才是真正影响效率的因素。

⑮F. Kast and J. Rosenzweig, Organization and Management, 4th ed. (N.Y.: McGraw-Hill, 1985).

⑯Peter F. Drucker, The Effective Executive (N.Y.: Harper & Row, 1967).

⑰见本书第七章"学习型组织"小节。

⑱Mintzberg, H., "The Manager's Job: Folklore and Fact," HBR, July August, 1975.

⑲明兹伯格研究 5 位 CEO 所从事的活动, 有一半持续了不到 9 分钟, 只有 10% 的活动超过了 1 个小时。一项对 56 位美国生产线上的基层主管所做的研究发现, 他们平均在 8 小时上班时间做了 583 件事, 平均每 48 秒做一件事。

⑳同注⑱。

㉑同注⑱。

第二章

①请参考第一章"管理功能"。

②严格讲, 机会与问题意义不同, 前者还未发生, 后者已经存在, 但两者都是目前做决策去解决, 因此, 两者都需要"问题解决", 前者特别需要创意的问题解决 Creative Problem-Solving。

③广义而言, 不做决策, 也是一种决策。

④Drucker, P.F., "What Makes an Effective Executive," HBR, Jun., 2004.

⑤基本上这种情境分类是客观情境的分类, 但决策者有可能因认知问题, 而有自己的分类, 例如, 将风险情境视为混淆情境。

⑥做决定是狭义的"决策过程", 它是从很多方案选择一项最佳方案的过程。做选择时, 必须预测各种解决方法的结果, 并与目标相互比较, 确使所选的方案, 执行结果能满足要求。

⑦ Robert N. Lussier, Management: Concepts, Applications, Skill Development, (Ohio: South-Western, 1997), pp.115-116.

⑧有关混淆情境与不确定情境的决策分析请参阅第三章"策略规划"。

⑨C. Kepner and B. Tregoe, The Rational Manager (N.Y: McGraw-Hill, 1965).

⑩Herbert A. Simon, Administative Behavior, 2nd ed (N.Y: Free Press, 1957).

⑪James Brian Quinn, Strategies for Change: Logical Incremmentalism (Richard D. Irwin, Inc. 1980).

⑫Alan J. Rowe and James D. Boulgies, Management Decision Making: A Guide to Successful Business Decisions (Macmillan Publishing Co., 1992).

⑬Isenberg, D.J., "How Senior Manager Think," HBR, Nov.-Dec., 1984.

⑭同注⑪。

⑮Mintzberg & Westley, "Decision-Making: It's Not What You Think," Sloan Management Review, Spring, 2001.

第三章

①企划（Planning），常用的中文释名还有规划、计划，由于实务界较常用企划，本书采此译名。实际上，企划还能再分类，属较高层级的企划，称之"策略规划"（详见本章下节），所以企划是 一个总称，泛指各类企划。注意，企划与计划（plan）不同，下面将会解说。

②Heinz Weihrich and Harold Koontz, Management：A Global Perspective, 10th, ed（Mc-Graw-Hill, 1993）p.118.

③另一种说法是：有效的企划需其他管理功能的配合，才能做好企划。若加入此一说法，将造成"鸡生蛋、蛋生鸡"的循环辩证。所以，概念上最好视企划为其他管理功能的前置功能。

④虽然目标手段两者可能同时进行，逻辑上它将更能够让我们了解企划的运作与功能。

⑤策略规划与作业企划的不同将于"目标与手段"的"目标的阶层性"解说。

⑥本书第一章就开始强调"目标"，但一直未对它做明确定义，事实上，"目标"包括目的与目 标，两者意义不同。以下这节我们在目标加上引号""，表示它包括目的（Goals）与目标（Objectives）。以后的各节，引号将被删掉，但希望读者从上下文（Context），分辨总称的"目标"与不同于目的的目标。

⑦第一章"管理工作"。

⑧同注⑦。

⑨具体的目标意指目标能够数量化，以具体数据表示。

⑩这一功能称之"控制"，所以企划与控制两项管理功能都围绕在"目标"的制定与实践上。

⑪此一概念乃借用"营销近视眼"Theodore Levitt, "Marketing Myopia," HBR（July- August 1960）, pp.45-56.

⑫线性规划（Linear Programming）主要是处理这类问题。

⑬参考第一章"管理阶层"。

⑭但是若说"目标"不受既有"手段"（策略与战术）影响，似乎不够真实，目标与手段彼此间会相互影响。对一个穷困的人，如果没有资金做生意，则"赚钱"可能不是他的人生目的；反之，他会以"清贫乐道"作为人生追求的目的。

⑮请参考图 3-5 新兴电器 2009 年区隔力，只做概括性指引的计划，没有详细制订的行动步骤。

⑯企划对组织具有五项功能，请参考本章第 60 页。

⑰K. Andrews, The Concept of Corporate Strategy（Homewood：Dow Jones-lrwin, 1971）.

⑱Strength 与 Weakness 译为"强项与弱点"，避免与 Advantage（优势）、Disadvantage

（劣势）混淆。

⑲Geoge A. Steiner, Top Management Planning（London：Macmillan，1970）.

⑳Charles W. Hofer and Dan Schendel, Strategy Formulation：Analytical Concepts（West Publishing Co.1978）.

㉑R.E. Miles and C.C Snow, Organizational Strategy, Structure, and Processes（N.Y：McGraw-Hill，1978）.

㉒Arnoldo C.Hax and Nicholas S. Majluf, "The Use of the Growth-Share Matrix in Strategic Planning," Interfaces 13, No.1（Feb.1983）.

㉓Michael E. Porter. Competitive Strategy：Techniques for Analyzing Industries and Competitors（N.Y Free Press，1980）.

㉔请不要以"一般策略"称之，因为纯质策略如果是"一般"，它就不会有竞争优势。它之所以"纯质"，乃因它就是竞争优势。

㉕若调整后仍然无法实现目标，可以考虑修正原先设定的整体目标（120 万元），本例不做此考虑。

㉖具有"一分耕耘、一分收获"的函数关系，便于管理者利用投入量的调整来增减产出的水准。

㉗企划常不处理政治面问题，而留待组织、领导、控制解决。

㉘V.Nanayanan and L.Fahay, "The Micro-Politics of Strategy Formulation," AMR, 1982（7）：25-34.

㉙同学可以想象"立法院"开会时各党派的"表演"，即可了解此一过程。

㉚此处所谓"理性"与"欠缺理性"只是形容词，且非绝对。

㉛这是决策中没有获得"解决"的结果，但它也是一种解决，所以称之"近似解决"。

㉜Henry Mintzberg, "The Fall and Rise of Strategic Panning," HBR, 1994（1-2）：107-114.

㉝Formalize 又称为制度化，凡纳入组织"正式"活动者，均称之，见第四章。

㉞洪明洲，Apple 公司核心专长的延伸与转变—iPod 的产品开发，管理经典个案 #002 ，2008。

㉟Michael E. Raynor, The Strategy Paradox：Why committing to success leads to failure（and what to do about it），Leight Co Inc.，2008.

㊱以下列举说明目标管理的缺点，如同其他管理制度，若要挑毛病，任何制度都可以挑出一箩筐，虽然如此，目标管理仍是实务上重要的管理制度。

第四章

①John Child, Organization: A Guide Problems and Practice, 2nd ed. (London: Harper & Row, 1984).

②Paul R. Lawrence and Jay W. Lorch, Organization and Environment (Homewood, Ⅲ: Richard D. Irwin, 1967) p.9.

③这是"职权接受原则": Herber A. Simon, Administrative Behavior, 3rd. ed. (N.Y.: Macmillan, 1976), pp.12–18.

④Charles D. Pringle, "Seven Reasons Why Managers Don't Delegate," Management Solutions, 1986 (11): 13–26.

⑤施振荣:《营造生生不息的台湾竞争力》,"经济部"中小企业处印制,1996 年 10 月,第 18 页。

⑥E.H. Schein Organizational Culture and Leadership (Jossey-Bass, 1985), p.14.

⑦许多学者还提出不同的情境变量,包括策略、企业生命周期、部门互动等。

⑧同注②。

⑨Joan Woodward, Industrial Organization Theory and Practice (London: Oxford University Press, 1965).

⑩J.R. Hackman and G.R. Oldham, Work Redesign (Reading, Mass.: Addison–Wesley, 1980), pp.77–82.

⑪R. Galbraith, "Organization Design: An Information Process View," Interface 4, No.3 (May 1974).

⑫Tom Peters, Thriving on Chaos: Handbook for A Management Revolution, (N.Y.: Knopf, 1987).

⑬Tom Peters, Liberation Management, 1992 (中文译本《解放型管理》,时报出版公司), p.34.

⑭同注⑬, p.47。

⑮Hammer & Champy:《改造企业:再生策略的蓝本》,杨幼兰译,中国台湾:牛顿出版公司,1994 年。

⑯Hammer & Stanton:《改造企业Ⅱ:确保改造成功的指导原则》,林彩华译,中国台湾:牛顿出版公司,1996 年。

⑰同注⑫。

⑱G.M. Bounds, G.H. Dobbins, and O.S. Fowler, Management: A Total Quality Perspective (Cincinnati: South-Western College Publishing, 1995) p.527.

第五章

①这一服务让公司每年运费超过 1 亿美元，退货率高达三成五，几乎吃掉网络卖鞋的利润。

②《传递快乐》是他第一本著作 Delivering Happiness A Path to Profits，Passion and Purpose，中译本书名：《WOW! Zappos 不思议! 传递快乐。让顾客愿意回购的神奇法则》。

③请参考 Zappos Insights 网站，详细介绍这些套餐课程与收费，其中有网站会员，每月付 39.95 美元，可以上网观赏公司的管理影片。

④T. Peters，Tom Peters Essentials Leadership，DK，2005.

⑤Abraham Zaleznik，"Managers and Leaders：Are They Different?" Harvard Business Review，1996.

⑥J. A. Conger and R. N. Kanungo，Charismatic Leadership in Organizations，Sage Publications，Inc.，1998.

⑦MacGregor Burns，Transforming Leadership，2004.

⑧Robert Greenleaf，Servant Leadership，Paulist Press，1983.

⑨Warren Bennis，On Becoming a Leader，Addison Wesley，1989/1994，pp.39–42.

⑩G.A. Yukl，Leadership in Organization，（N.J.：Prentice–Hall，1981）.

⑪R. Tannenbaum and W. Schmidt，"How to Choose a Leadership Pattern，" HBR，（May–June 1973），pp.95–101.

⑫美国有几所大学分别提出很类似的"双构面的领导风格"理论，"体恤"与"激活结构"是俄亥俄州立（Ohio State）大学提出的理论［C. L. Shartle，"Early Years of the Ohio State University Leadership Studies，" Journal of Management，1979（5）：126–134］."工作中心"与"员工中心"是密歇根（Michigan）大学提出的理论［R. Likert，"From Production and Employee–Centeredness to System 1–4，" Jounal of Management，1979（5）：147–156］.

⑬D. McGregor，The Human Side of Enterprise（N.Y.：McGraw–Hill，1960）.

⑭R.R. Blake and J.S. Mouton，The Managerial Grid III（Houston：Gulf，1985）.

⑮F.E. Fiedler，A Theory of Leadership Effectiveness（N.Y.：McGraw–Hill，1967）.

⑯P. Hersey and K.H. Blanchard，Management of Organizational Behavior：Utilizing Human Resources，4th ed（N.J.：Prentice–Hall，1982）.

⑰M.G. Evans，The Effects of Supervisory Behavior on the Path–Goal Relationship，Organizational Behavior and Human Performance，1970（5）：277–298.

⑱同注⑩，pp.146–152.

⑲A.F. Maslow，"A Theory of Human Motivation，" Psychological Review 50（1943）.

⑳Frederdick Herzberg, "One More Time: How Do rederdick Herzberg," One More Time: How Do You Motivate Employees?" HBR, 1968（1-2）: 53-62.

㉑V.H. Vroom, Work and Motivation（N.Y.: Wiley, 1964）.

㉒J.S. Adams, "Toward an Understanding of Inequity," Journal of Abnormal and Social Psychology（Nov.1963）, pp.422-436.

㉓B.F. Skinner, Science and Human Behavior（N.Y.: Macmillan, 1953）.

㉔K. Blanchard and S. Johnson, The One Minute Manager, Berkley Trade, 1983.

㉕Gary Genard, How to Give a Speech, Cedar & Maitland Press, 2007.

㉖S.Kerr and J.M. Jermier, "Substitutes for Leadership: Their Meaning and Measurement," Organizational Behavior and Human Performance, 1978（22）: 375-403.

㉗Peter Drucker et. al., The Leader of the Future: New Visions, Strategies, and Practices for the Next Era（《领导大未来》, 王秀华译, 洪健全文教基金会, 1996 年）。

㉘J. Pfeffer and R.I. Sutton, Hard Facts, Dangerous Half-Truths And Total Nonsense: Profiting From Evidence-Based Management, Harvard Business Press, 2006.

㉙S. Lieberson and J. F. O'Conner, "Leadership and Organizational Performance: A Study of Large Organizations," American Sociological Review, 37, pp.117-130, 1972.

第六章

①2009 年上半年美利达高级车出货量 45.58 万台, 略低于 2008 年同期的 46.4 万台, 但是平均出货单价上扬到 415 美元, 远高于 2008 年同期。

②2008 年 9 月雷曼兄弟（Lehman Brothers Holdings Inc.）倒闭, 金融海啸爆发。

③陈芳毓:《美利达工业—危机入市入股合资, 建立欧美高价品牌》,《经理人月刊》, 2009 年 5 月。

④该生产指令就是"看板", 上面记录需求数量, 后一工序消耗物料到一定数量时会出现看板, 它将交给前一工序, 以激活生产该数量的在制品。

⑤减少机器设备的购置也是丰田式管理减少浪费的一项措施。

⑥此一意义说明企划本身不仅要构思工作, 更要构思工作的控管, 当企划设定了目标, 就是控制的开始。

⑦请参阅"全面质量管理"一节。

⑧"企业资源规划"名称上虽为"规划", 但它是企业界应用最广、也最完整的"控制"系统, 由此可见企划与控制的一体两面性。

⑨这项准则相当于决策解题程序的"设定目标与准则"中的准则, 请参考第二章"解题过程定目标与准则"。

⑩Heinz Weihrich and Harold Koontz, Management：A Global Perspective, 10th ed.,（Mc-Graw-Hill, 1993）, pp.581-582.

⑪Chris Argyris, "Teaching Smart People How to Learn", HBR,（Nov.-Dec., 1988）, pp.99-109.

⑫Brian, L. Joiner：《第四代管理》，钟汉清译，美国麦格罗希尔公司，1996 年。

⑬G. M. Bounds, G. H. Dobbins, and O. S. Flower, Management：A Total Quality Perspective（Cincinnati：South-Western College Publishing, 1995）, p.615.

⑭同注⑬, pp.616-617。

⑮同注⑬, pp.77-103。

⑯同注⑬, pp.42-43。

⑰同注⑬, pp.204-206。

⑱很多人认为 JIT 一定要做到适时化（及时化），作者认为它的价值在"扫除浪费"，不必太执着于"适时"。

⑲Alan Harrison, Just-in-Time Manufacturing in Perspective（U.K.：Prentice-Hall, 1992）, p.30.

第七章

①1995 年出版的《管理》一书，书中就揭示了这一构想。

②H. Igor Ansoff and E.J. Mcdonnell, Implanting Strategic Management, 2nd ed.（UK：Pretice Hall, 1990）, p.31.

③同注②。

④http：//en.wikipedia.org/wiki/Late-2000s_recession.

⑤这就是本书第二章所讨论的不确定或混淆情境的决策分析，但这并不表示无须将不确定理清，使之确定，只是决策者必须掌握变动的本质，利用"相对"确定做快速反应，这是时间资源的竞争策略，请参考 Joseph L. Bower and Thomas M. Hout, "First-Cycle Capability for Competitive Power," HBR（Nov-Dec 1988）.

⑥T. J. Peters, Thriving on Chaos：Handbook for A Management Revolution,（Cal.：Excel, 1987）, pp.42-43.

⑦R.T. Pascale, Managing on the Edge（N.Y.：Simon & Schuster, 1990）, p.17.

⑧Gary Hamel & C.K. Prahalad（1998）：《竞争大未来》，顾淑心译，智库文化出版公司，1996 年。

⑨G.M. Bounds, G.H. Dobbins, and O.S. Fowler, Management：A Total Quality Perspective（Cincinnati：South-Western College Publishing, 1995）, pp.560-565.

⑩Michael Hammer and Steve Stanton，The Reengineering Revolution，Harper Paperbacks，1995.

⑪C.K. Prahalad，M.S. Krishnan，The New Age of Innovation：Managing Global Networks to Unlock Customer-created Value in Your Company，McGraw-Hill，2008.

⑫今井正明：《改善》，长河出版社，1992 年版，第 51 页。

⑬Kurt Lewin，Field Theory in Social Science，（N.Y.：Harper & Row，1951）.

⑭Rosenthal，U. and A. Kouzmin，"Crises and Crisis Management：Toward Comprehensive Government Decision Making，" Journal of Public Administration Research and Theory，Vol. 7，No. 2：277-304（1997）.

⑮这一段应是学习型组织的定义，引用自 Richard L. Daft，Management，4th ed.（The Dryden Press，1997），p.751.

⑯指因为 Senge 畅销书《第五项修炼》所提倡的学习型组织。

⑰这是《第五项修炼》一书最重要的修炼，Peter Senge：《第五项修炼：学习型组织的艺术与实务》，郭进隆译，天下文化出版公司，1994 年，第 10 页。本书认为 Senge 提倡的学习型组织是狭义的，所以另外提出采用广义观点的流程模式学习型组织。

⑱Charles Handy：《非理性的时代》，吴美贞译，联经出版公司，1991 年版，第 47-52 页。

⑲同注⑰，第 147-148 页。

⑳Daft（1997）称之"扁平化、网络化组织"。

㉑这样能避免 Pascale 所说的"将一件好事做太久了"，见注⑯。

㉒这是 Empowerment 的观念，第四章"组织"辩证"流程改造式的组织设计"、"组织转型"都提到"当老板"的观念。

㉓Bartlett and Ghoshal（1994）主张组织应该从目的、流程、人员去改造，释放员工创业活力。C. A. Bartlett and S. Ghoshal，"Changing the Role of Top Management：Beyond Strategy to Purpose，" HBR，Nov.-Dec. 1994.

㉔D.K. Denton，Horizontal Management：Beyond Total Customer Satisfaction（Lexington 1991）.

㉕Andrew S. Grove：《10 倍速时代》，王平原译，大块文化出版公司，1996 年，第 45 页。

㉖Charles Handy，The Age of Paradox（McGraw-Hill，1995）.

㉗同注㉔。

㉘Ian Morrison，The Second Curve：Managing the Velocity of Change（N.Y.：Ballantine，1996）.

㉙J. Pfeffer and R.I. Sutton，Hard Facts，Dangerous Half-Truths and Total Nonsense：Profiting From Evidence-Based Management，Harvard Business Press，2006.

㉚特别针对 Peter Senge 的学习模式，哈佛管理学院的 David A. Garvin 教授也对此提出批评，文见"Building A Learning Organization,"HBR（Jul.–Aug.，1993）pp.78–91.

㉛David A. Garvin，"Building A Learning Organization,"HBR（Jul.–Aug.，1993）pp.78–91.

㉜管理的失能反映在 2009 年 8 月 8 日水灾暴露的缺失，以此作为本书最后一篇辩证。本文不在打击管理，而在警惕自我——唯有管理者的反思与警惕，管理才有正向循环的发展。本文观点取自 Minzberg on Management（1989）一书中 Society Has Become Unmanagement as a Result of Management.

索 引

安全比率 172

安全需求 145

保健因素 146

比较 148

必要准则 36

编码 152

扁平式组织 107

标杆改善 204，205

标杆学习 221

标准 173

标准作业 70

剥夺 158

补救 178

哺入 199

不变 197

不利的情境 140

不连续 21

不连续性 198

不满足 146

不确定 90，197

不确定情境 31

不稳定 109

部署 88

部属特性 156

财务资源 7

参与 142

参与型领导 143

参照权 133

策略变革 203

策略程序化 90

策略规划 61

策略转折点 220

差距 36

差异分析 178

差异化 78

产出 5，166，177

产出导向 186

产品流程周期 163

尝试错误 39

常备计划 69，70

称赞 118

成本标准 173

成本领导 78

成本中心 170

成就导向型领导 143

成熟水准 142

承诺 90

程序化决策 30

持续改善 204，205

酬劳 118

传送者 152

传言 21，155

创业家　10

创业精神　224

创造价值　6，216

垂直分化　101

垂直结构　100

纯质策略　78

达到标准　178

大量生产　109

大型科层组织　123

代理指标　191

戴尔菲法　37

单构面　136

单回控制　174

单向沟通　152，153

单项使用计划　69

担当　103

倒金字塔形组织　107

典范移转　200

调和　71

定期控制系统　168

定义过程　34

动荡管理　198

动员　79

独裁型领导　136

短期企划　79

对人员的关心　18

对生产的关心　139

多元经济个体　123

多元目标　71

多元性　65

发动　87

发言人　10

发展　116

法定权　133

反复性　69

反应　209

反应者　75

方案　71

方法　29

防御者　75

放任管理　140

非程序化决策　30

非线形的　199

非语言　153

非语言沟通　153

非正式沟通　154，155

非正式化组织　105

费德勒的权变模式　140

费尧　16

分　99

分工　102，107

分析型　45，47

分析者　75

丰田式管理　165

丰田式管理系统　163

风险情境　31

服从范围　102

服从权威管理　140

福利　118

负强化　150

复杂　199

改变的速度　202

概率　33

干扰处理者　10

高层管理者　11

工作导向　141

工作分析流程 110

工作丰富化 111

工作改造 216

工作广度 111

工作集合 100

工作技术 109

工作结构 140

工作空缺 115

工作扩大化 111

工作类型 122

工作设计 99，110

工作深度 111

工作特性 113，156

工作团队 16

工作者 120

工作中心 137

公平理论 148

公司阶层目标 67

公文处理仿真 116

功能别组织 103

功能活动 122

功能阶层目标 67

功能目标 67

共识投射法 37

沟通 131

沟通障碍 153

狗 76

古典学派 15

鼓动 87

管道 152

管理 156

管理的权力 131

管理方法 28

管理信息系统 169

管理者 5

管人 8

管辖幅度 107

管制上限值 176

管制图 175

管制下限值 176

规范模式 49

规划变革 206

规模 109

规则 70

过程模式 147

合 99

合作 79

核心专长 219

荷赛与布兰查模式 141

亨利·明兹伯格 21

衡量 188

红利 118

互动型领导者 134

环境 108

缓和 209

恢复 209

回馈 152

回馈控制 169，179，182

混乱 199

混淆情境 32

活动比率 172

获利比率 172

机会 29

机会与威胁 72，73

机能式 107

机械式 107

机械式组织 108

基本领导要素 135

基层管理者 13

绩效考核 117

绩效控制 167

激活结构 137

激励 131

激励参与 79

激励因素 146

及时管理 165

及时管理系统 186

集权 102

集中 78

计划 69

计划标准 173

计量模式 17

技术变革 203

技术技能 12

价值 105，166

价值当量 148

价值共同体 123

价值与信仰 105

间接 131

简单化 186

奖赏 118

奖赏权 133

交易 134

交易型领导者 134

教导 142

教练 211，219

接触 88

接收者 152

结构设计 99，100

解冻 207

解读 90

解决过程 34

解决问题 29

解码 152

金牛 76

金融海啸 200

金字塔形组织 107

津贴 118

精神感召 134

矩阵式组织 104

决策角色 10

决策结构 30

决策情境 31

决定 88

科层分工原理 15

科层结构 107

科学方法 180

科学管理 15

科学与专业 21

控制 8，60，158

控制程序 167

控制管理 198

控制机能 223

口语沟通 153

口语信息 21

扩充性 198

累积 91

理想 47

理性决策 44

利害关系人 65

利润中心 171

例行工作 21

连横　87

连续生产　109

连续线　30

联络人　9

两因素理论　146

领导　8，60，131，156

领导方格　139

领导风格　136，157

领导能力　132

领导性格　157

领导者　9，120

领导者与成员关系　140

领袖魅力　157

流程　121

流程导向　186

流程改造　121，204，205

流程改造式　214

流程模式　210

流程式组织结构　122

流程网　122

路径—目的模式　142

满足　146

媒介　152

魅力型领导者　134

描述模式　49

民主型领导　136

明星　76

目标　60，62，63，79

目标近视症　65

目标—手段链　68，80

目的　63

幕僚职权　102

内部创业　218

内部招募　115

内化　90

内容模式　144

脑力激荡法　37

品质　180

平行沟通　154

仆役型领导者　134

葡萄藤　155

期望　147

期望理论　147

期限　79

期许　65

企划　8，59

企划部门　74

企业绩效　171

企业流程　205

企业资源规划　169

前馈控制　169，179，182

前瞻者　75

潜在问题　35

强化　149

强化模式　149

强项与弱点　72

强制权　133

桥　60

情境变量　108

情境模式　140

全貌愿景　213

全面　180

全面品质管理　180

确定　197

确定情境　31

人际导向　141

人际关系 16

人际角色 9

人力企划 114

人力资源 7

人力资源管理 114

人事管理 114

人事技能 12

人员变革 203

认知复杂度 46

三段式变革模式 206

社会跟随 48

社会需求 145

社会责任 7

深思熟虑 21

升迁 118

生产力 177

生产流程时间 163

生产性 7

生理需求 145

十倍速变化 220

时间管理 23

时间与动作研究 15

实践 29

实践成效 18

实时控制系统 168

实物标准 173

使命 7

始业式 116

士气 79

事业部组织 103

事业阶层目标 67

适配 109

收益标准 173

手段 60，62

受仰慕 157

授权 102，142

双向沟通 152，153

双重指挥线 104

水平分化 101

水平结构 100

损害赔偿 179

泰勒 15

特质理论 135

替代 156

同步控制 169，179，182

统计制程控制 175

统一指挥 107

投入 5，166，177

投资中心 171

团队管理 139

团队一体 181

团体规范 47

团体献策 37

推销 142

外部招募 115

网络沟通 154

网络组织 107

往上沟通 154

往下沟通 154

未来状态 65

文化变革 203

文件沟通 153

问题 29

问题的复杂度 153

问题儿童 76

无缺点 179

无形标准　173

无形资源　7

物质资源　7

系统学派　16

线形的　199

限制　105

乡村俱乐部管理　139

想要准则　36

项目　71

项目经理　120

项目预算　71

消减　150

小批量生产　109

效率　5，60

效率控制　167，180

效向　5，60

效向控制　167，180

协调　6

协商者　10

协助　105

心智过程　45

心智模式　210

新兴策略　213

薪资　118

信号　152

信息传递者　10

信息丰富度　153

信息回馈系统　168

信息角色　9

信仰　105

行动　34

行动计划　79

行为科学　16

行为理论　136

行为型　45，47

行为学派　16

行政管理　15

形象人物　9

需求阶层理论　145

选择　29

学习　157

学习的流程　182

学习轮　210

学习模式　210

学习实验　216

学习文化　213

训练　116

延续管理　198

研拟　91

已经发生的问题　35

以团队为基础的结构　123

引导型　45，46

隐藏假设　105

应许　47

营收中心　170

营运　91

影响　131

用人　99

攸关的　173

有利的管理情境　140

有限理性模式　44

有效　5

右脑　45

语言　153

预测管理　198

预防　208

预想　91

预知问题　29

员工推荐　115

员工中心　137

再冰冻　207

在职训练　116

责备　150

责任　103，157，166

责任中心　170

招募　115

侦测者　9

真相　21

甄选　115

整合　100

整合结构　101

整体目标　66

正式沟通　154

正式化　74，88，105

正式组织　101

政策　70

政治个体　87

支持型领导　143

知识　18

知识工作者　20

知识组织　158

直接　131

直觉感受　46

直线职权　102

职权　100

职位规范　111

职位权力　140

指导型领导　143

质化模式　17

窒碍难行　21

中层管理者　13

中和　156

中性化　156

中庸管理　139

重复性　198

重建（信心）　209

重做　179

主体—支持链　80

专长　210

专家权　133

转换　166

转型领导者　134

装饰与行为　105

追随者　134

准备　209

准备水准　141

资金标准　173

资源分配者　10

子目标　66

自我管理者　20

自我实现需求　145

自尊需求　145

综合　90

综效　6

组件　17

组织　8，60，99

组织变革　203

组织绩效　171

组织价值　105

组织结构　99

组织结构设计　99

组织目的　71

组织特性　156

组织图　101

组织文化　105

组织再生　134

组织转型　213

最佳方法　15

最佳实务　221

左脑　45

作业企划　61

做中学　217